IL PENSIERO POSITIVO

Come cambiare la tua mente attraverso la crescita personale ed il potere delle abitudini, attiva la legge dell'attrazione e fai pace con te stesso.

Di
Stefano Foster

INDICE

INTRODUZIONE

Il pensiero positivo è uno degli argomenti più trattati e discussi, nei tempi recenti. "Pensa positivo" è uno slogan che tutti, almeno una volta nella vita, abbiamo avuto modo di sentire.

Il concetto è diventato così popolare che centinaia e centinaia di libri ne hanno trattato l'argomento, e decine di seminari riguardo alla sua efficacia vengono tenuti ogni giorno.

Migliaia di individui appartenenti alle più disparate classi sociali si sono avvicinati a questo mondo, in una delle forme citate in precendenza. Tuttavia, la domanda riguardo all'effettiva efficacia del pensiero positivo non ha ancora ricevuto una risposta definitiva.

Certo, ci sono innumerevoli casi e testimonianze di persone che riportano come il pensiero positivo, e la sua efficacia, abbia per sempre cambiato le loro vite. Ma questa non può essere considerata una prova incontrovertibile, perchè, per ognuno dei casi sopraccitati, ce ne sono altrettanti che affermano proprio il contrario, dimostrando come per loro il pensiero positivo non sia stato di nessun aiuto. Quindi, può esistere un modo per identificare senza ombra di dubbio la bontà di questo sistema?

Sfortunatamente, non possiamo avere una risposta univoca. Ricercare dei risultati, praticare un certo stile di vita, e credere in un determinato modo di pensare e vedere le cose, è un'esperienza estremamente soggettiva. Quindi, come novelli scienziati, dobbiamo essere consapevoli che perseguire un rivoluzionario esperimento per dimostrare un concetto del tutto nuovo ci metterà di fronte a decine di critiche.

Tu stesso, se proverai a presentare ai tuoi conoscienti la decisione di vivere in modo "positivo", incontrerai delle feroci critiche, prima o poi.

Inoltre, tornando al nodo gordiano della questione, come potrai essere sicuro del giusto funzionamento di quello che stai facendo?

Ebbene, c'è solo un sistema: dovrai scoprirlo da solo, portando avanti le tue convinzioni. Quindi ti consiglio di provare a praticare il pensiero positivo per almeno 90 giorni.

Perchè proprio questo lasso di tempo?

Certo, l'intervallo può essere più lungo o breve, ma 90 giorni sono un periodo ideale per capire se il pensiero positivo fa al caso tuo.

Potrà essere frustrante seguire questo stile di vita, dato che sicuramente sarai afflitto da preoccupazioni, delusioni e da un'ampio sprettro di emozioni negative. E' umano dopotutto, e non possiamo evitarlo. Tuttavia, prova a prendere in mano le redini della tua persona, e sforzati di continuare a pensare positivo, anche quando tutto sembra andare per il peggio.Alla fine di questi 90 giorni, con ogni probabilità, avrai sviluppato una mente allenata al pensiero positivo. Se così non fosse, in ogni caso, avrai allenato te stesso ad un pensiero più elastico, che non potrà fare altro che darti beneficio, per gli anni a venire.

In questa guida scoprirai le basi fondamentali con le quali prendere il controllo della tua vita attraverso l'energia positiva e l'ottimismo, per raggiungere i massimi risultati in termini di benessere e salute, oltre a raggiungere gli obbiettivi che ti sei preposto.

Vivere ogni giorno con gioia e pace interiore non è un traguardo irraggiungibile.

Buona lettura.

CAPITOLO 1

IL PENSIERO POSITIVO

Il pensiero positivo, per descriverlo in modo estremamente semplice, è l'opposto del pessimismo. E' ciò che accade quando ci sentiamo felici, o quando abbiamo raggiunto un obbiettivo. Questo insieme di emozioni gratificanti si condenserà nella nostra "voce interiore" (possiamo definire così una serie di impulsi che ci guidano naturalmente nel corso della vita) che, con ogni probabilità, ci spingerà in uno stato mentale positivo ed ottimistico per i giorni a venire. Pensare (nella sua forma più generica) è un mezzo con il quale possiamo avvertire emozioni "buone" come la gioia, la felicità, ed il senso di eccitazione.

E' ciò che ci fa anche attendere un determinato momento con trepidazione, che produce energia quando crediamo di essere sfiniti, o più semplicemente può dipingerci un sorriso sul volto in meno di un istante. Ovviamente è vero anche il contrario, ovvero con il pensiero possiamo avvertire emozioni "cattive" come la tristezza, la frustrazione e la delusione. Questo ci farà attendere un determinato momento con ansia e paura, ci schiaccerà nelle situazioni più stressanti, ed in generale, ci farà apparire come tristi e stanchi.

Sia che si possegga una mentalità positiva o negativa, bisogna ricordare che il nostro cervello è quotidianamente impegnato in una miriade di compiti diversi, quindi, pur senza rendercene conto, i nostri pensieri in tal senso sono innumerevoli. Ciò che è importante sottolineare è che il pensiero positivo è quanto di più utile possiamo chiedere quando facciamo sport, pratichiamo un'arte, o cerchiamo di imparare qualcosa di nuovo.

Questo tipo di impostazione mentale favorirà nauralmente il proliferare di nuove idee, ed ogni pensiero scorrerà con maggiore facilità. Certo, come già detto, per alcune persone potrebbe essere difficile (o addirittura sembrare controproducente), ma usando metodi collaudati e con la giusta dose di pratica, chiunque può riprogrammare il mindset per opporsi ai pensieri negativi. Questo potrebbe rivelarsi cruciale in diverse occasioni.

Per esempio, nel caso si stesse correndo una maratona, e si arrivasse al punto nel quale le gambe paiono stare per cedere da un momento all'altro a causa della fatica, possiamo sperimentare diversi approcci. Si può arrendersi alla fatica, abbracciando la sconfitta, mentre le gambe paionio sciogliersi ed i polmoni bruciare; ogni passo è un'agonia, ed alla fine ci fermeremmo comunque, quindi perchè continuare a soffrire? Oppure, ci si può focalizzare sul nostro obbiettivo, con la consapevolezza di volere e potere dare tutti noi stessi, senza concentrarsi sul dolore e la fatica, che non servono ad altro che a rallentarci. In questo modo, con anche l'aiuto di un sorriso amico e del giusto incoraggiamento, potremmo tagliare il traguardo da vincitori.

Questo perchè una mente abituata al pensiero positivo può anche essere chiamata "Mindset Vincente." Come già detto, il pensiero negativo (o un'eccessiva dose di pessimismo) è il contratio di questa accezione. Esso consiste in una voce (o anche più di una) nella nostra testa che continua ad etichettarci come stupidi o incapaci quando commettiamo un errore o falliamo in un determinato compito.

Il pensiero negativo può causare una vera e propria paralisi emotiva, ed impedirci di raggiungere i nostri obbiettivi nella vita. Questo, ovviamente, causerà sarà fonte di preoccupazione anche per le persone intorno a noi.

Un approccio positivo, invece, ci porterà a compiere decisioni migliori, a sentirci meglio, ed in generale a "riuscire" nel gioco della vita. Il pensiero positivo alimenterà energia della stessa natura, che è più leggera e potente rispetto a quella generata dal pensiero negativo, che invece è pensante e ci spinge al fallimento.

Un altro esempio. Immagina di essere invitato ad una festa o un evento, e di essere pervado da sensazioni negative come: "Non voglio andarci, sicuramente non piaccio a nessuno degli invitati e mi annoierò molto. In ogni caso odio questo genere di cose e chi vi partecipa. Che spreco di tempo." Credi che questo porterà ad una serata piacevole, dove avrai la possibilità di farti nuovi amici, o anche solo qualche risata? Ovviamente no.

La verità è che rinuncerai a partecipare, privandoti di una possibilità di gioia.

Prendiamo invece in considerazione lo scenario opposto.

Immagina, questa volta, che i tuoi pensieri siano: "Sarà una serata divertente, potrei indossare un vestito nuovo e non pensare alle preoccupazioni. Non vedo l'ora di conoscere nuove persone e magari fare amicizia, mentre mi godo il tempo libero."

Quale mentalità finirà per creare maggiore energia, e quale sarà la migliore per farsi nuovi amici e stare bene con te stesso? Ovviamente, il pensiero positivo non è un invito a imitare comportamenti altrui o mentire a te stesso. E' essenziale essere sinceri e realisti.

Se non si utilizzano comportamenti autentici, il nostro cervello non imparerà mai.

Quindi, per avviare questo processo virtuoso e vivere una vita con una mentalità positiva, dobbiamo iniziare a notare le cose che ci accadono nella vita di tutti i giorni.

Questo meccanismo è chiamato "consapevolezza". Diventare consapevole significa essere consci dei nostri pensieri, siano essi positivi o negativi. Riguarda, inoltre, la comprensione di quello che avviene intorno a noi e come metabolizziamo tali avvenimenti, trasformandoli in positività o negatività.

Tanto detto è sottinteso che per sviluppare delle capacità di pensiero positivo, la consapevolezza è essenziale. Partendo da tale presupposto, possiamo infine distinguere fra pensieri negativi e pensieri positivi. A volte, quanto si pensa e si agisce, la mente può assisterci nell'identificare un quadro di insieme più grande, senza focalizzarsi su dettagli meno rilevanti. La maggior parte delle persone crede che questa sia una caratteristica invidiabile, e che le persone particolarmente logiche o dotate di grande sensibilità sono destinate ad avere successo. Questo è vero, o lo è almeno in parte. Avere tali caratteristiche è essenziale per riuscire a raggiungere i propri obbiettivi, ma rimanere positivi e concentrati è altrettanto importante. Possiamo dire che chi possiede una mentalità vincente ha già vinto metà della battaglia, persino prima che essa sia in effetti cominciata. Il tutto può essere riassunto nel fatto che Steve Jobs, che è stato una figura centrale nella creazione della compagnia miliardaria Apple, ad un certo punto della sua vita lavorativa si è visto estromesso dalla sua stessa compagnia per mano di qualcuno che aveva assunto in precedenza. Tuttavia, Jobs non si è lasciato affossare da tale episodio; era più che determinato a riprendere il suo posto alla Apple, e così ha fatto, risalendo la china e rimenendo saldamente al comando fino al momento della sua morte.

E' stata la mentalità vincente, unita al duro lavoro e alla determinazione, che gli ha permesso di creare la Apple, ed il successo che continua a macinare ancora oggi. Forse non avremmo mai avuto i vari Iphone e Ipod, che oggi fanno impazzire le masse, se Jobs si fosse arreso.

Una vita piena di negatività assorne tutto ciò che c'è di buono in un uomo. La vita che stai vivendo adesso può cambiare, e creare un futuro più soddisfaciente per te e, perchè no, anche per chi ti sta intorno. Ricorda, tutti, prima o poi, hanno avuto un sogno che non sono stati in grado di realzizare a causa dell'influenza negativa che li circondava.

La cosa peggiore è che non avendo potuto realizzare tale

sogno, molti sono rimasti intrappolati nella ragnatala della paura, temendo il fallimento, decidendo consciamente o inconsciamente, di ritararsi per sempre dalla battaglia della vita.

E' essenziale, quindi, sviluppare una mentalità che vede il fallimento come qualcosa da cui imparare, per i prossimi passi verso il successo. Bisogna allenare la mente per fare ciò, in modo da "riprogrammarla", per non lasciarsi fermare dagli avvenimenti avversi, ma quasi cibarsi di tali "incidenti di percorso" per creare il carburante necessario a proseguire.

Possiamo riscrivere le regole, o addirittura ignorarle, anche se si deve essere consapevoli che un'atteggiamento positivo non è qualcosa ottenibile dall'oggi al domani.

Il pessimismo e la negatività sono avversari che si dovranno affontare molte volte nella vita, mentre si è alla ricerca del successo. Thomas Edison, una della figure più geniali della storia, ha dovuto affrontare quasi 1000 fallimenti prima di inventare la lampadina.

Per sviluppare il pensiero positivo bisogna compiere scelte e decisioni consapevoli, piuttosto che affidarsi a nozioni predeterminate o a spinte emotive. Il punto al quale si arriverà deve coincidere con il nostro obbiettivo, essere propedeutico ad esso.

La nostra mente è avvilita dalla credenza che certe cose sono "troppo belle epr essere vere". Focalizzarsi su un'immagine mentale e lottare per creare un futuro migliore è difficile, ma assolutamente non impossibile. La ricetta vincente è, senza dubbio, il pensiero positivo.

Ecco 4 regole che dovresti sempre cercare di ricordare, ogni giorno della tua vita:

1. Comprendi di essere una persona avvolta dal pensiero negativo, e preparati per modificare questa realtà.

2. Ignora tutte i pensieri indesiderati che la mente ti presenterà, insieme alla parole inutili che provengono dalle persone intorno a te. Trasformale in motivazione e concentrati su come zittirai ognuna di questa voci avverse.

3. Il destino non esiste. Il futuro lo crei con le tue stesse mani.

4. Coltiva la tua creatività con ogni possibilità che ti viene fornita, e se non te ne viene fornita nessuna, crea tu stesso le possibilità.

Mentre cerchi di costruirti una mentalità vincente, dovrai affrontare molte situazioni sulle quali non hai il minimo controllo. Devi essere pronto a tale evenienza e a non farti travolgere da essa. Ricorda che queste situazioni vanno a braccetto con il pensiero positivo, e che esso di aiuterà sia nella tua vita personale che in quella lavorativa. Sarai soddifatto di tutto quello che ti è successo nel corso della giornata, anche se non sei un milionario. Essere positivo e avere una mente aperta rappresentano una saggezza che non è facile da ottenere, e per la quale bisogna lavorare molto. Ma, una volta imparato questo modo di vivere, sarai felice ed autosufficiente. Concediti di provare questo percorso, sbaglia e rialzati, e alla fine sarai in grado di vivere serenamente la tua vita di tutti i giorni, a differenza di coloro che si arrendono alla prima difficoltà.

CAPITOLO 2

COME FUNZIONA IL PENSIERO POSITIVO

Una mentalità positiva può portare a risultati positivi, ma come già detto, non tutti sono di questa opinione. Alcuni credono che i risultati che possiamo ottenere nella vita siano strettamente legati a quanto impegno si spende per raggiungerli. Ora, sebbene si possa essere in parte d'accordo con tale affermazione, è bene ricordare che non è la quantità di energie impiegate che ci porterà alla meta più in fretta, quanto la *qualità* di tali energie. Mentre il destino, il fato, o la predeterminazione possono essere considerati come qualcosa di opinabile o persino delle pure fantasie, la nostra energia, e la mente che la produce sono estremamente reali. Quindi, se si desidera un risultato positivo nella propria vita, bisogna credere nella positività e farsi guidare da essa. Ecco tre esempi di come questo tipo di modus vivendi ci porta dei risultati tangibili:

1. Il pensiero positivo aumenta la fiducia in sé stessi.

Se ti aprirai ad una visione più positiva della vita, inizierai a vedere il lato migliore delle persone intorno a te e in generale, tutto ciò che c'è di buono. Questo aumenterà la fiducia in te stesso e nelle tue risorse (ovvero ciò che compone il tuo microcosmo). Come conseguenza, visto l'aumento di tale fiducia, sarai più incline ad assumere dei rischi.

Invece di lasciarti rallentare e distrarre dal raggiungere ciò che ti sei prefissato, sarai in grado di muoverti senza indugio verso la meta. Capirai chi potrà aiutarti e consigliarti se incontrerai un ostacolo, e anche questo contribuirà ad aumentare la fiducia nei tuoi mezzi. Tale fiducia sarà tutto ciò che ti servirà per affrontare una nuova sfida e assumerti un rischio, processo che indubbiamente porterà ad ottimi risultati.

2. Il pensiero positivo ti aiuta ad indivuare le opportunità.

Coloro che sono felici e vivono con positività, riescono a vedere tutto ciò che hanno la possibilità di fare e tutto ciò che di bello compone le loro vite. Tale discorso si può estendere ad ogni possibilità che si presenta loro, anche sotto forma di un'iniziale difficoltà. Al contrario, le persone ciniche hanno una visione più ristretta della vita, e ciò si riflette anche sulla loro capacità di soppesare una buona occasione. Solitamente sono sordi alle parole e ai consigli di aiuto di coloro che li circondano, e si isolano in un circolo vizioso di negatività.

Rimangono nascosti dietro a frasi come "ho provato di tutto", rimarcando la loro chiusura mentale, ed una schematizzazione della vita che si limita al bianco e nero. Ciò ovviamente impedisce loro di percepire le varie sfumature che li circondano, dove si celano opportunità senza limiti. Chi possiede la giusta mentalità è consapevole di ciò che possiede, e lavorerà duramente per ottenere quello che desidera. Cogliere le giuste opportunità ti aiuterà ad ottenere sicurezza, rimanere ben piantato sulla tua strda, ed abbattere ogni barriera ed ostacolo, fino a raggiungere un risultato positivo.

3. Chi pensa positivo mantiene una mentalità aperta.

Coloro che adottano uno stile di vita positvo sono in grado di affrontare la vita con uno spretto di visione molto più ampio. Sono in grado di ascoltare le altre persone senza il bisogno spasmodico di elargire opinioni e giudizi su ogni parola ascoltata. Questo aiuta a sviluppare relazioni più profonde, dove l'eventuale interlocutore sente di essere stato compreso appieno. Inoltre chi possiede una mente aperta può vedere e vivera la vita nella sua interezza, senza negarsi nulla. Una maggiore soddifazione, relazioni più genuine e la capacità di vedere opportunità in ogni dove sono i dono di una vita vissuta pienamente.

CAPITOLO 3

L'IMPATTO DEI PENSIERI SULLE NOSTRE EMOZIONI

I pensieri hanno una diretta conseguenza sulle emozioni, questo è innegabile. Quindi, proseguendo per logica, le emozioni determinano il benessere psichico. Il risultato di tale processo ci rende chiaro che siano le emozioni a determinare condizioni di tristezza o felicità, ma il punto di partenza di tutto il meccanismo risiede nel pensiero. Esso determinerà le nostre reazioni più genuine verso il mondo, gli altri e noi stessi.

Le persone più importanti della tua vita, gli eventi clou, e persino degli avvenimenti apparentemente banali, potranno divenire dei punti crociali nella tua esistenza, grazie ai tuoi pensieri. Per cui, se degli eventi, delle persone o delle cose ti fanno sentire stessato, arrabbiato, agitato o ansioso, essi hanno indubbiamente una connotazione negativa. Se invece ti fanno sentire bene, equilibrato e felici, sono sicuramente positivi.

Tu hai il potere di controllare i tuoi pensieri.

Per organizzare le tue idee ed essere in grado di gestirle al meglio, devi essre in grado di mantenere il controllo sulle tue convinzioni ed i tuoi pensieri. Devi abbracciare convizioni aperte e positive, perchè, come già detto, una mente aperta contribuisce a idee positive.

Convizioni ottusamente radicate e cariche di negatività possono portare solo ad una mentalità negativa. Così, trasformando i pensieri da negativi a positivi, e abbracciando convinzioni più libere e aperte, ti sentirai equilibrato, sicuro, e pieno di serenità.

Seguendo una strada sbagliata richieremmo di generare unicamente gelosia, odio e frustrazione. Bisogna ricordare che le emozioni sono da noi continuamente processate, anche a livello inconscio, e un circolo vizioso di negatività finirà per condurci verso ansia e depressione. Questo prosciugherà le energie di cui abbiamo bisogno per essere felici e perseguire i nostri obbiettivi. Per cambiare le emozioni, le idee ed i percorsi mentali, è indispensabile essere consapevole di tale bagaglio emotivo. E' semplicemente irrealistico pensare di poter cambiare qualcosa che non si conosce. Questa capacità è definita come consapevolezza (mindfulness). Essa deve essere allenata, osservando e tenendo traccia delle idee, pensieri, emozioni e del dialogo interiore. Una volta fatto questo, e ottenuto un quadro chiaro della consapevolezza, puoi perseguire i tuoi obbiettivi coscientemente, utilizzando la tua piena volontà. Ti sposterai da uno spettro di emozioni negativo ad uno positivo, non sarai più in balia delle tue idee, ma diventerai parte attiva di esse, sempre ricordandoti di ascoltare té stesso, e rimanendo ancorato al qui ed ora. Questo è particolarmente importante perchè spesso ci si perde nei rimpianti del passato o nella paure verso il futuro, dimenticando che l'unico momento sul quale abbiamo il vero e pieno potere è il presente.

Tutto questo ricordando che bisogna lasciare andare le nostre convinzioni più rigide per cambiarle con controparti positive ed elastiche.

Inoltre, il pensiero positivo necessità la capacità di perdonare sé stessi e gli altri, lasciando andare gli errori del passato, i traumi e gli incidenti. I pensieri devono essere imbevuti di positività verso noi stessi ed il mondo che ci circonda.

Qusesto potrebbe essere difficile se si ha vissuto un certo tipo di vita, o se una figura particolarmente autoritaria ci ha insegnato diversamente. In questo caso, prova a vedere le cadute, gli errori e le "ferite" come lezioni dalle quali apprendere, niente di più, e poi lasciale andare. Questo è essenziale per raggiungere una mentalità positiva.

Non farlo significa rimanere ancorati a consapevolezze negative che produrranno pensieri negativi. Ciò è particolarmente vero se confrontato con idee e convizioni che si posseggono verso di sé e verso gli altri. Il giudizio e le opinioni nate da una mente negativa causeranno la nascita di un turbinio di emzioni negative, visto che alimenteranno sensazioni di superiorità ed ego. Il tutto inevitabilmente causerà rabbia e odio.

Tali pensieri si conseranno in un dialogo interiore spesso irrefrenabile, che alimenterà il circolo dell'odio e della negatività, portando solo a risultati dannosi.

Ricapitolando, per pensieri positivi e percorsi metnali virtuosi è essenziale distruggere la nostra vecchia mentalità, e lasciar andare convinzioni rigide e negative. Abbracciamo l'umiltà, togliamoci dal palcoscenico e sediamoci in mezzo al pubblico, sospedendo i nostri giudizi e lasciando le opinioni da parte, per quanto ci è possibile.

Seguiamo la corrente, estromettendoci da questioni di principio e litigi senza senso.

Accettiamo le altre persone per ciò che sono e per quello in cui credono, senza tentare di cambiarle. I pensieri negativi spesso ci condizionano, spingendoci a tentare di cambiare gli altri. In questo tipo di situazione l'unica cosa che si riuscirà ad ottenere sarà la frustrazione.

E' essenziale ricordare che sei tu l'unico individuo che hai la possibilità di cambiare, nessun altro. Concentra le tue energie su questo obbiettivo, senza sprecarle in altro.

Visto che il nostro cervello è influenzato dai pensieri inconsci, adottare un approccio positivo è essenziale. Bisogna lasciar andare tutti i ricordi ed i tramuni consci ed inconsci e le ferite del passato. Questo eliminerà la voce critica e negativa che ci influenza in modo dannoso, sostituendola con una positiva e propositiva. Per aiutarti a raggiungere questo obbiettivo, prova a praticare la visualizzazione e la meditazione, ed esercitati con delle affermazioni positive. Per quanto banale possa sembrare è importante sottolineare che è impossibile avere pensieri positivi quando si è tristi o arrabbiati, quindi è vitale coltivare sentimenti di pace e armonia. Prova ad utilizzare questo semplice esercizio per eliminare ogni emozione negativa che risiede dentro di te.

Prenditi del tempo, assicurandoti di non essere disturbato, circondandoti di calma e tranquillità in un luogo rilassante. Quindi, dopo aver raggiunto uno stato di rilassatezza, prova a concentrarti su alcuni dei pensieri e delle emozioni negative che popolano la tua mente. Visualizza la rabbia, la paura, l'ansia, il senso di colpa e la frustrazione come immagini ben definite. Fatto questo, pensa a tutta l'influenza negativa che queste emozioni stanno portando nella tua vita. Ricorda di non concentrarti sulla causa di tale emozioni (conflitti, timori, ecc..) ma solo sul risultato dannoso che stanno avendo su di te. Dopodiché, prova a immaginare come ti sentiresti e come vivresti se non fossi attanagliato da tali energie negative. Visualizzalo chiaramente. Ora, finito l'esercizio, rimani legato a quella immagine positiva, e cerca di comprendere quanto è importante che tu la raggiunga.

Quello che hai appena fatto è un esercizio molto semplice, ma che può aiutarti a costruire consapevolezza. Questo perchè, come detto, per sviluppare il pensiero positivo è importante eliminare le emozioni negative, dimenticando e lasciando andare il passato.

Ferma completamente il tuo percorso mentale e impara a vivere nel presente.

Quando affronti la vita attraverso i tuoi sensi e non attraverso le tue idee, sarai in pace, equilibrato e felice. Concentrati sul momento, aumentando così la tua produttività; i pensieri positivi sono eccezionalmente idonei per attività costruttive, come ricerche, lavoro e organizzazione di eventi. Tutto ciò che riguarda il presente ti terrà ancorato sui tuoi obbiettivi, che siano anche sentimenti verso gli amici, le persone care, i tuoi animali domestici; tutto cuò che ti rende felice qui ed ora.

I pensieri negativi, invece, sono concentrati sull'ansia per il futuro e sul dolore di momenti passati. Questa mentalità avversa crea emozioni indesiderate, che si accumulano inevitabilmente dentro di noi. Inutile dire che ciò è deleterio e spinge a creare ancor più negatività. I pensieri positivi sono reali, concentrati e profondi, mentre quelli negativi tendono ad essere più leggeri e vacui, come le idee.

Le idee hanno la tendenza a formarsi nella parte posteriore e laterale del cervello, mentre i pensieri positivi nascono nella parte più centrale della nostra mente. Le idee, inoltre, possono perdere il loro focus iniziale e diventare dannose se non sappiamo controllarle. Questo è avviene quando nascono da una voce interiore negativa, che spesso ci porta a dare giudizi ed essere critici verso noi stessi e gli altri. Una mentalità positiva è concentrata su dettagli specifici e presenti, non su fumose conseguenze e tempi lontani nel passato o nel futuro. Come già detto, ed è essenziale marchiarlo a fuoco nella memoria, il pensiero positivo si basa sul qui ed ora. Non riguarda situazioni ipotetiche e future possibilità, tantomeno propositi di vendetta o possibilità di "sistemare i conti."

Ovviamente, questo non significa che il pensiero positivo non sia atto alla programmazione. Il focus, in questo caso, sarà sull'implementazione e sulla creazione di strategie. Questo include idee legate all'esecuzione e allo sviluppo di programmi associati ad hobbie, piani, lavoro, ma anche vacanze e celebrazioni. Una mentalità negativa è sempre concentrati su pensieri legati all'ego e su situazioni che non porteranno ad altro che miseria e frustrazione.

Ciò include giudizi, paure, rabbia, odio, desideri di controllo e violenza sugli altri e verso noi stessi. Per ottenere una mentalità positiva bisogna elevare il proprio spirito sopra all'ego nel processo che porta al controllo di noi stessi. La visualizzazione e la meditiazione, come già consigliato, possono aiutare a raggiungere tale obbiettivo. Bisogna quindi sostituire l'ego negativo ed i vecchi percorsi mentali per liberarsi dei pensieri negativi e della voce interiore. E' importante mantenere il controllo dei propri pensieri e della volontà attraverso una costante applicazione.

Esercizi per creare un'atteggiamento positivo

Visualizzazione dei pensieri.

Il centro della tua volontà è proprio nel mezzo della fronte. Visualizzalo e prova a concentrarti profondamente. Chiudi gli occhi e posiziona una mano sul cuore, mentre visualizzi la consapevolezza e la forza che spingi all'interno di esso con questo movimento. Metti un dito sulla fronte e spingi all'interno forza e consapevolezza con questo movimento. Non ascoltare i pensieri negativi che nascono dalla zona posteriore e laterale della tua mente, rimani concentrato sulle'energia brillante che sgorga dal centro della fronte.

Limitati ad essere consapevole della negatività, senza darle peso, e alterala in energia positiva. Respira profondamente e concentrati. Vivi in questo momento, non attraverso le tue idee. Ferma ogni possibile sentimento di rabbia ed i pensieri riguardanti il passato ed il futuro. Vivi adesso.

Affermazioni positive.

Convinzioni errate portano ad emozioni e pensieri negativi. Di conseguenza, comportamenti rigidi e nocivi conducono ad attriti con gli altri e un atteggiamento sbagliato verso la realtà di tutti i giorni. I pensieri positivi sono invece il risultato di convizioni positive e di una mente aperta. Quando si coltiva la pace interiore, la pazienza, la gentilezza e la felicità, allora si otterrà una voce interiore costruttiva.Tutto questo è necessario per costruire una mentalità positiva, dove possiamo rispettare ed amare noi stessi e gli altri.

Per fare ciò è necessario smettere di pensare al passato: esso non può essere cambiato. Possiamo invece modifcare il futuro, agendo sul presente, adattandoci a coltivare una mentalità positiva. Le affermazioni positive sono una componente fondamentale per un pensiero giusto. Tali affermazioni includono, per esempio, frasi come "Io sono" dove possiamo accrescere la nostra consapevolezza. "Io sono felice, calmo e tranquillo. Io sono amato ed io sono capace di amare. Io sono perfetto nel modo in cui sono."

Visualizzazioni come queste, insieme alla meditazione su te stesso e del bambino interiore sono importanti per lo sviluppo della sicurezza in sé stessi, per dare forza alle emozioni e costruire una felicità stabile. Ricorda e ripeti spesso: "Tutto ciò che mi compone è gioia, serenità e calma. Il mio bambino interiore è pieno di meraviglia, forza e felicità. Noi siamo calmi, completi e sicuri. Abbiamo energie vibranti, fiducia in noi stessi e siamo pieni di vita."

L'esercizio dell'angelo bianco

Visualizza una figura angelica mentre sei assorto nella tua meditazione. E' carico di energia, composto da un'energia chiara e vibrante. Visualizza dei filamenti carichi di energia che connettono il tuo cuore a questa figura imponente. Lentamente, ma in modo chiaro, senti come l'angelo vada a fondersi con te. Visualizzalo mentre gioca e si diverte insieme al tuo bambino interiroe, dopodiche senti come il tuo bambino interiore si fonda perfettamente con te. Materializzalo con chiarezza nella tua mente, e digli che è felice ed al sicuro insieme a te; abbraccialo dunque con gentilezza. Amalo e ama te stesso, diventa la sua famiglia e adottalo per tutto il tempo a venire. Ricordati di godere del tuo bambino interiore e fare sempre in modo di essere felice.

Esercizio per liberare il cuore

I pensieri negativi, le emozione dannose, e la voce interiore nociva, provengono da stress e da traumi passati. Questi traumi spesso generano un robusto e coriaceo "guscio" che avvolge la nostra mente (o il chakra del cuore). Ciò è per proteggerci da ulteriori danni emotivi provenienti dal "crudele mondo esterno", in modo che il nostro ego possa controllare ogni cosa, portandoci però alla negatività. Questo guscio deve essere sciolto per liberare il nostro cuore, e la nostra mente, per poter iniziare a credere nella positività. Chiudi gli occhi e visualizza il tuo cuore, intrappolato in un involucro spesso e grigio. Immagina ora di metterlo sotto una luce bianca, carica di energia positiva. Senti come la luce va ad impattare sul guscio, sciogliendolo lentamente. Visualizza l'involucro mentre perde consistenza, scomparendo poco alla volta, mostando il tuo cuore, finalmente libero e pieno di energia.

Meditazione della luce bianca

Utilizza questo esercizio per stabilire una connessione fra corpo e spirito. Siediti comodamente, oppure sdraiati. Chiudi gli occhi e concentrati sulla respirazione, rilassati, cercando di tagliare fuori ogni possibile causa di disagio. Visualizza ora un sole composto da una luce bianca e brillante e guardalo senza nessuna paura. Immagina che questo sole illumini tutto il tuo corpo ed ogni angolo della tua mente. Senti, mentre i raggi ti attraversano in tutto il tuo io, creando una splendida aura bianca intorno a te. Unisci i palmi delle tue mani e senti come l'energia sale dalla punta dei piedi fino al capo. Questa luce purifica e lenisce le energie del corpo, ristorando anche la mente. Prenditi qualche secondo ogni giorno per visualizzarti pieno di questa luce, ricordando come la sua forza impenetrabile ti protegga. Questo ti proteggerà dalle energie negative.

Con il passare del tempo, questa pratica ti consentirà di connerti con il tuo spirito. Ciò ti permetterà di coltivare una sensazione di pace e amore, gioia e tranquillità. Questo stato mentale correggerà automaticamente il tuo ego, rendendolo subordinato al tuo spirito. Il risultato si tradurrà in pensieri positivi, un'aumento della fiducia in sè stessi e una maggiore convinzione dei propri mezzi.

Esercizi per eliminare la negatività

Pensieri negativi, emozioni avverse e una voce interiore nociva spesso derivano da un accumolo di energie negative presenti nel nostro corso. Esse si formano di solito in seguito a periodi di forte stress o a traumi del passato, spesso derivanti dall'infanzia. Si accumulano dentro di noi, nella nostra mente inconscia, e rimangono a condizionarci per anni; a volte anche per una vita intera. Di solito ci si chiude in se stessi a seguito di un evento doloroso, finendo per ritenere il mondo esterno un luogo pericoloso. Il nostro ego e i nostri percorsi mentali lavorano per "proteggerci", mentre in realtà ci regalano solo negatività e scoramento. Tale energia negativa, quindi, deve essere eliminata per potere ottenere di nuovo il controllo della propria esistenza e per seguire uno stile di vita più sano e positivo.

Esercizio della fiamma viola. (Avrai bisogno di un pezzo di quarzo)

Siediti in un modo comodo, chiudi gli occhi e concentrati sulla respirazione. Rilassati, provando ad eliminare ogni possibile fonte di distrazione. Tieni le mani aperte con i palmi rivolti verso l'alto per ricevere l'energia dell'universo. Visualizza ora, proprio di fronte a te, una maestosa fiamma viola. Per aiutarti ad immaginarla prova a ricordare il fuoco di un falò, quando ci sei seduto vicino. Richiama dunque la fiamma, facendola entrare nel tuo corpo, partendo dallo stomaco. Senti mentre eleva i tuoi sensi, bruciando mano a mano ogni possibile negatività che incontra sul proprio cammino. Posiziona quindi il quarzo vicino al tuo cuore, oppure riponilo alla tua sinistra mentre continui l'esercizio. Il minerale ti aiuterà ad aumentare le vibrazioni della tua energia. Ciò ti aiuterà a bruciare ogni memoria negativa inconscia, senza nemmeno il bisogno di palesarla, liberandoti da tutti i suoi effetti nefasti.

Esercizio della sfera di vetro

Questo esercizio ti aiuterà a eliminare la rabbia repressa, la paura, l'ansia ed i ricordi indesiderati. Raggiungi uno stato di calma e rilassamento. Ora focalizzati su ciò che ti disturba (emozione avversa, ricordi o ansia per il futuro), chiudi gli occhi e visualizza la fonte del tuo turbamento a pochi metri da te, racchiusa in una sfera di vetro. Posiziona le tue mani sulla sfera e spingila con forza all'interno del terreno, seppellendola. Senti come i fili di energia che ti legano a quell'emozione scompaiano, mentre la sfera si perde nei meandri della terra. Ripeti l'esercizio più volte, fino a quando la fonte di turbamento smette di comparire nella tua mente, e tutta la rabbia e frustrazione derivanti da essa sono sparite.

Ricorda che sono i tuoi pensieri a dertiminare quello che sei. Hai la capacità di controllare le tue idee, e di conseguenza, ottenere una mentalità felice e positiva.

Distrazione e sostituzione.

Quando un pensiero negativo si fa largo nella tua mente, distraiti da esso e sostituiscilo. Il tuo cervello si può concentrare soltanto su una cosa alla volta. Quindi, lavora sulla distrazione e sulla sostituzione.

Distrazione: eseguila distogliendo la tua attenzione e portando alla mente un momento positivo. Per esempio puoi portare alla mente dettagli sul lavoro, sugli eventi e sulle persone che incontri ogni giorno e che sono importanti per te.

Sostituzione: visualizza e sostituisci il pensiero negativo con uno positivo. Utilizza idee che riguardino immagini di amore, felicità e persone a te care. Focalizzati sui paesaggi che ami, o sui tuoi affetti; ogni cosa che ti fa stare bene è adatta. Concentrati solo sul tuo respiro, o utilizza un conteggio per incalanare tutta la tua attenzione. Continua a farlo fino a quando i pensieri negativi non spariscono.

Concentrati sul momento con attenzione e consapevolezza.

Non analizzare o giudicare, non concentrarti sul risultato, non pensare al passato o al futuro. Rimani nel momento, osservalo e concentrati sui dettagli, sulle precedure, su ciò che lo compone. Quando sei immerso nel qui ed ora, non lasciare che i tuoi pensieri ti portino via, trascinandoti altrove. Ogni volta che hai questo impulso, torna a concentrarti su dove sei e sui quello che stai facendo. Non lasciare che i pensieri avversi ti rubino preziosi istanti di vita. Quando la negatività ti minaccia, non lasciarti sopraffare; sorridi, chiudi gli occhi e concentrati sulla respirazione. Inspira profondamente attraverso l'addome e concentrati unicamente sul tuo respiro. In alternativa, prova ad interrompere il flusso dei pensieri. Metti una mano sul cuore e porta la tua attenzione in quella zona. Sii presente solo a quel momento. Vivi appieno quell'istante attraverso le sensazioni del tuo corpo e non attraverso i pensieri. Diventa un osservatore, non giudicare o analizzare cosa stai vivendo. Semplicemente, vivi.

Distogli l'attenzione dai pensieri negativi.

Puoi muovere la tua attenzione da pensieri indesiderati attraverso mantra, preghiere e musica. Concentrati sulle parole, sulle strofe, sulle frasi. Così facendo, la tua mente non sarà in grado di concentrarsi sulle idee negative. Inoltre, focalizzati sulle persone incontrate, sulle conversazioni avute, in particolare sulle situazioni più piacevoli e gioiose. Piuttosto che fissarti su qualcuno che ti ha fatto del male, o su una situazione spiacevole, sostituisci quel ricordo con immagini di amore, felicità e calma (paesaggi che ami, persone care, i tuoi animali domestici, ecc...). Ricordati di sorridere e mantieni vivida questa sensazione di gioia. Chiama un amico o un parente e ricorda con loro i momenti passati insieme, concediti momenti felici con gli altri, immergiti nella natura e respira a pieni polmoni la bellezza che ti circonda. Sorridi, la vita è meravigliosa.

Centra, assimila e concentrati.

Siediti nel modo più comodo possibile. Concentrati su un simbolo o un oggetto nella tua mente, con gli occhi ancora aperti. Ora, chiudili e visualizza quel simbolo nel centro nel centro esatto della tua mente. Naturalmente, dei pensieri arriveranno in modo automatico in relazione all'oggetto da te pensato. Ignora i pensieri negativi, e focalizzati sul centro della tua fronte. E' da quel punto che nascono la volontà e gli intenti; le tue energie più profonde e brillanti sono pensieri nati da questa fonte. Essi sono collegati a tutto ciò di buono ed importante che puoi portare avanti nella tua vita. Centrandoli, assimilandoli, e con la concentrazione, puoi fermare le idee avverse e la voce interiore negatuva, che critica e giudica costantemente te stesso e gli altri. Ricorda, centra, assimila e concentrati.

Dobbiamo sviluppare le nostre capacità per diventare consapevoli e scoprire i nostri obbiettivi. Possiamo utilizzare gli intenti e la forza di volontà per controllare le nostre idee e trasformarle da negative a positive. Per esempio, siediti comodamente con gli occhi chiusi ed i piedi ben piantati sul pavimento. Togliti le scarpe e immagina un raggio laser, oppure delle profonde radici che penetrano nella terra, fino a raggiungerne il centro. Nascono proprio da te e ti ancorano fermamente al suolo. Ora, sempre con gli occhi chiusi, porta la tua ttenzione al centro della fronte e ricorda la sensazione che stai provando. Puoi eseguire questo esercizio tutte le volte che vuoi, fino a quanto l'emozione non diventa familiare. Quindi, nella tua vita di tutti i i giorni, quando sentirai la negatività che ti minaccia, ricorda questa fermezza e concentrati sui pensieri positivi che nascono dal centro della fronte. Questo ti aiuterà a rammentare quanta positività e bellezza ci sia intorno a te.

CAPITOLO 4

PENSIERO POSITIVO vs. PENSIERO GIUSTO

Il percorso verso una mentalità positiva non riguarda quello che in effetti i "pensieri buoni" siano veramente, ma piuttosto come cambiare i nostri percorsi mentali e le nostre emozioni. Una mentalità corretta è strettamente correlata alla scienza, ed il pensiero giusto è la chiave di volta, non un semplice proposito. Il pensiero giusto è scientifico, aderisce alle leggi universali. Ovviamente, in questo particolare scenatio, bisogna conoscere tali leggi.

Una mentalità positiva è il primo passo per iniziare questo viaggio. Il bicchiere sarà sempre mezzo pieno, perchè anche quando il vuoto si farà più grande, noi lo riempiremo con positività e consapevolezza di ciò che ci circonda. Una mente giusta possiede fede e fiducia, non è corrosa dal dubbio e dal ciniscmo. Una persona con questa mentalità farà sempre del proprio meglio, perchè questa è la sua volontà. Essa sarà gentile, piena d'amore e generosità durante ogni momento della vita. Si prenderà cura di se stessa perchè sa che un'espressione di benessere rinforzerà la positività che la circonda. Inoltre una mente giusta non ha timore di dividere le emozioni con gli altri, anzi, ne conosce l'importanza. Quando si possiede amore e serenità è essenziale condividire, per rendere tutto ancora più reale.

Le persone positive perseguono obbiettivi, e nono si scoraggiano di fronte ai fallimenti. Sono indomite, e attraggono naturalmente invidui che possono aiutarle. Ora che le caratteristiche di una mente positiva sono chiare, consideriamo il termine "pensiero giusto".

Esso è un ulteriore passo rispetto a quello positivo. Ce ne sono parecchi da compiere, per essere onesti, e come abbiamo già detto, il pensiero giusto segue le regole universali.

Analizziamo una persona che vuole essere in salute. Essa può affermare di "voler stare bene", oppure dire "io sto bene." Il secondo concetto appartiene al pensiero giusto, poichè chi l'ha espresso sa di avere una mente indistruttibile. Ancora una volta, una persona può affermare di avere risorse in abbondanza, oppure avere tutto ciò di cui ha bisogno. Colui che utilizza il pensiero giusto dirà "io ho", sapendo che l'universo provvederà a tutti i suoi bisogni. Detto in questo modo può sembrare estremamente semplice, ma non lasciarti ingannare: sono necessarie convinzioni profonde e uno studio di anni. Quando una persona raggiunge un pensiero corretto, potrà avanzare ancora di più. Non si parla più di "wishful thinking" o di leggi di attrazione, ma unicamente di verità. Tale verità apparirà al pensatore giusto quando esso comprenderà con chiarezza la realtà in cui is trova. Chi possiede una mentalità sbagliata proverà ad utilizzare il pensiero positivo, e alla prima difficoltà, tornerà immediatamente alle vecchie abitudini. Il pensatore giusto riconoscerà invece che i suoi errori sono stati puniti (causa/effetto), ma non si farà condizionare da essi, cambiando il proprio modus vivendi. Non c'è spazio per sbagli o approssimazioni, le leggi universali non riguardano il singolo. Non ci sono opzioni, ricompense o punizioni. Tutto quanto si limita ad esistere. Puoi decidere se vivere una vita colma di felicità e armonia, oppure percorrere il cammino dell'infelicità e della malattia. Sei tu il fautore del tuo destino, perciò devi prenderti le responsabilità per ogni tua azione. La buona notizia è che puoi iniziare in ogni momento della vita, ogni istante può essere un nuovo inizio. L'unica cosa di cui hai bisogno, oltre al pensiero positivo, è la volontà di agire. Essa, e un'attitudine alla felicità.

La strada che percorrerai sarà piena di esperienze gratificanti che varranno ogni goccia di sudore speso, ed ogni grammo di fatica necessario per raggiungere l'obbiettivo. Perciò, il pensiero giusto richiede tempo, e una dedizione totale al tempo che trascorri, nella ricerca della verità. Ha bisogno di tutte le energie che puoi dedicargli. Lo sviluppo interiore deve essere il tuo obbiettivo finale, e l'unico modo per raggiungere la vera pace.

CAPITOLO 5

IL PENSIERO POSITIVO COME STILE DI VITA

Pensare è una funzione essenziale nelle nostre vite. Dobbiamo aspettarci dei cambiamenti positivi se utilizziamo il giusto mindset, mentre il pensiero negativo non farà che peggiorare la nostra condizione. Non è facile descriverne l'importanza con le sole parole, visto il ruolo che assume in tutte le aree della vita. In fondo, tutti noi desideriamo pensare positivo; chi vorrebbe avere una visione misera e triste della propria vita? Ma come si può arrivare ad una mentalità positiva e renderla permanente? Impariamo cose nuove ogni singolo giorno, eppure la maggior parte delle epifanie rimangono dentro di noi solo per poco tempo. Perchè? Ebbene, come si potrebbe immaginare, questo dipende dall'intensità di tali realizzazioni. Se siamo genuinamente appassionati a qualcosa, quel concetto rimarrà con noi per molto tempo, forse per una vita intera. Comprendere certi valori fondamentali della vita può aiutarci ad adottare un approccio positivo che durerà a lungo, e che ci aiuterà a migliorare la nostra mentalità nel corso del tempo. Un singolo pensiero negativo, invece, può diventare la mela marcia che rovina il resto del "cesto" della nostra vita. Se adottiamo la giusta attitudine verso ciò che ci circonda, quasi tutte gli ostacoli possono essere superati.

Il pensiero positivo non è quindi qualcosa di temporaneo, ma uno stile di vita, un supporto per un'armoniosa coesistenza con tutto il resto del creato. Possiamo prendere ad esempio Madre Natura, che sia nel suo aspetto positivo che in quello negativo, aiuta il mondo a sopravvivere, nonostante la sua incredibile complessità. Sul nostro pianeta, gli animali, le piante e tutte le forme di vita, sono in grado di coestistere, in perfetta armonia. Spesso non siamo in grado di cogliere questa complessità, almeno fino a quando un problema inaspettato disturba il nostro soporifero stile di vita. Il pensiero positivo funziona in maniera simile. Proprio come la Natura, deve affrontare diversi aspetti dell'esistenza ed essere in grado di farli convivere armoniosamente. Noteremo la sua importanza solo quando un problema minerà questo processo, e ci sarà bisogno dei nostri sforzi per andare avanti.

I problemi che affrontiamo oggi sono di solito radicati nei nostri comportamenti passati, ma il pensiero positivo non è qualcosa da utilizzare al bisogno, e poi chiudere in un cassetto. Come possiamo credere di poter creare un giusto stile di vita con una mente dalla visione ristretta? "Vivi e lascia vivere" è un principio fondamentale dell'esistenza, e non possiamo aspettarci una crescita personale significativa se non lo capiamo fino in fondo. Dobbiamo realizzare che una coesistenza pacifica è vitale ed essenziale per la sopravvivenza del nostro mondo e per le creature che lo abitano. Se abbia dubbi in proposito non saremo in grado di avanzare, con la mente che in modo inconscio ci costruirà ostacoli, in una forma o in un'altra. La coesistenza pacifica non è una teoria o un principio filosofico, ma un'assoluta verità, supportata da prove scientifiche. Il nostro è un ambiente naturale che dipende da noi e dagli altri, esattamente nello stesso modo della nostra felicità e benessere. Una società felice crea ambienti salubri, dove pensieri giusti e salutari aumentano la fiducia in noi stessi e nelle nostre capacità, e ci aiuta anche nei momenti più difficili. La "top ten dei consigli per migliorare il tuo pensiero positivo" o qualsiasi altra semplificazione che puoi immaginare ti aiuterà indubbiamente a raggiungere qualche risultato immediato, ma non è basata su una logica duratura. Solo se utilizziamo il giusto approccio alal vita, e comprendiamo le cose per quello che sono otterremo una mentalità positiva e duratura.

Ciò non solo migliorerà le nostre vite, ma anche quelle della nostra famiglia e dei nostri amici. Per potere funzionare, però, una strategia positiva deve raggiungere ogni angolo del nostro essere. Ultimamente le persone sono interessate all'ipnosi, in quanto vedono un possibile vantaggio immediato e senza troppo sforzo dalla sua applicazione. Diversi libri, video e altri materiali sono accessibili e possono insegnarci ad utilizzare l'ipnosi come pratica salutare, ma molti non sono in grado di raggiungere gli obbiettivi prefissati in breve termine. Vasta parte di tali individui non persisterà, utilizzando un approccio costruttivo, ma si lascerà andare alla delusione ed al sospetto di una "trappola commerciale" che non funziona ed è solo creata per spillare soldi. Esattamente come per l'esempio dell'ipnosi (ma come molte altre cose nella vita), il pensiero positivo è un'arte che va coltivata e vissuta con la giusta mentalità. Provare ad apprendere qualunque tipo di nozione, senza un approccio ottimistico e con una mentalità chiusa non funzionerà, in quanto è contrario al principio della vita e alle leggi della coesistenza. Quindi non possiamo pensare ad una crescita personale, attraverso una mentalità positiva, senza confrontarci con ciò che abbiamo intorno. Sarebbe un atto di puro egoismo, uno sbuffo dell'ego, e come già detto, porterebbe solo a risultati insoddisfacenti.

CAPITOLO 6

COME DIVENTARE UNA PERSONA POSITIVA

Affrontiamo ora il nodo gordiano: come diventare una persona positiva? Come già ampiamente detto, ci sono due tipi di persone al mondo, coloro che vedono il bicchiere mezzo pieno e chi invece lo vede mezzo vuoto. In realtà, appartenere a una di queste due categorie non è una scelta conscia; si viene "spinti" in una specifica direzione dagli eventi della vita. D'altro canto, scegliere di modificare il proprio comportamento e decidere di diventare una persona migliore è una possibilità alla porta di chiunque. Bisogna mettere mano al proprio comportamento e provare a modificare sé stessi. Per semplificare il concetto, è necessario guardare il mondo da una luce diversa. Facciamo un esempio.

Quando ti svegli, all'inizio della tua giornata, pensa a tutto quello che ti aspetta. Sii consapevole delle responsabilità e dei tuoi compiti, ma anche delle opzioni a tua disposizione e a tutte le opportunità che potresti cogliere. Puoi conoscere persone nuove, sorridere e goderti il momento, prendere parte ad un dibattito costruttivo, accrescere te stesso. Sdraiati a letto per qualche minuto, e lascia che queste immagini ti circondino, fino a diventare parte della consapevolezza nel tuo subconscio. Devi capire come prendere il controllo sui pensieri negativi che cercano di invaderti la mente, se vuoi diventare una persona diversa. Se avverti uno di questi pensieri nocivi e non vuoi lasciarlo entrare, fai leva sulla tua convinzione e immagina che quel pensiero ti rimbalzi sulla testa, senza riuscire ad attecchire. Ricorda che tu e tu solo sei responsabile delle tue azioni e perciò, prendendo decisioni forti e attuando cambiamenti significativi per te stesso e per chi ti sta intorno, puoi avere il pieno controllo della tua vita. Affronta ogni ostacolo per testare te stesso, cerca il meglio negli altri, e accresci le tue energie. Molte persone hanno una vita piene di energie negative; non credono in nessuno e si comportano in maniere misera. Non riescono a vedere altro che il lato più negativo di ogni cosa. Come conseguenza inevitabile, anche la loro personalità diventerà irremidiabilmente negativa, portandoli a una vita povera di serenità e felicità. Queste persone non faranno altro che essere insoddisfatte in ogni aspetto della loro esistenza, che sia una relazione, il lavoro, o qualsiasi altra situazione. Questo pessimismo le condannerà ad un eterno circolo vizioso, e questa "maledizione" continuerà di generazione in generazione. Ritrovarsi in una condizione del genere non è bello.

E' meglio tenersi alla larga da individui del genere, in modo da non essere influenzati inconsciamente. L'energia negativa può essere trasmessa da una persona all'altra attraverso l'aura e l'elettromagnetismo. Ovviamente ci vuole tempo per sviluppare una personalità negativa; allo stesso modo questo vale anche per una positiva. Ci sono strumenti che possono aiutarci in questo percorso, ed il nostro modo di pensare è uno dei più importanti.

Il pensiero contribuisce a formare il nostro comportamente, e in seguito, la nostra personalità. Perciò, per sviluppare un'attidutine positiva, prima bisogna sviluppare un pensiero positivo. Esso nasce quando cambiamo la nostra visione del mondo ed iniziamo a vedere il lato migliore di ogni cosa. Ciò ti consente di analizzare i vari aspetti della tua vita in modo più aperto, ottimistico ed obbiettivo. Essendo un esercizio mentale è importante ripeterlo ogni giorno, fino a farlo diventare parte di sé. Inizia cercando di vedere il lato positivo di ogni situazione. Se sperimenti qualcosa di negativo, fermati e poniti la domanda: posso imparare qualcosa o ottenere qualcosa di positivo da questa esperienza? Alcune lezioni, per quanto dure, sono indispensabili per costruire una personalità sana o rafforzare il tuo io interiore. Anche il fallimento porta dei benefici, in quanto è un insegnante infinitamente migliore del successo. Come sappiamo, quasi tutte le persone che hanno raggiunto dei risultati notevoli nella vita hanno dovuto affrontare dei fallimenti, prima di arrivare in vetta. Alcuni credono che il fallimento sia un requisito fondamentale per raggiungere i propri obbiettivi. Personalmente, ritengo che il senso più grande di questa lezione sia nella frase "un vincente è un perdente che non si è mai arreso." Si continua a imparare, si cresce, si migliora, non ci si ferma ad un primo risultato, qualunque esso sia. Detto questo, possiamo quindi considerare il fallimento come qualcosa di utile. Ricorda che utilizzando una mentalità positiva inizierai a seguire la legge dell'attrazione, quindi attirerai a te positività ogni giorno. Manifesta quotidianamente il tuo pensiero positivo, e crea una personalità colma di sicurezza che rifletta il tuo modo di essere. La forza della gratitudine può aiutarti in questo processo. L'emozione positiva generata dalla gratitudine incrementerà la forza del tuo pensiero in modo considerevole. E' piuttosto semplice accedere a questa forma mentis, basta ricordare quante cose belle ci circondino e di quanto dobbiamo essere grati. Un'altro strumento utile per la tua crescita è l'influenza delle persone positive, e l'allontanamento di quelle negative. Stai lontano dalle persone frustrate, miserevoli e pessimiste. Non hai bisogno di amici che non fanno altro che buttarti giù, o di un partner che non ti valorizza e non porta felicità nella tua vita. Non sprecare la tua vita in esperienze negative; il tempo è la cosa più preziosa di cui possiamo disporre e abbiamo l'obbligo morale di non buttarlo via. Prendi ad esempio modelli positivi, e frequenta persone che ti facciano stare bene e ti arricchiscano intimamente. Seguire il giusto esempio può portare a risultati estremamente gratificanti; una volta preso il via verso una strada colma di positività inizierai a raccogliere risultati. Le leggi dell'universo ti aiuteranno, regalandoti la forza per proseguire. Inizia fin da subito e cambia la tua vita per il meglio.

Tutti sanno che una strategia ottimale è la chiave per il successo, ma il modo in cui sviluppare tale strategia è meno evidente. Molti dei consigli che riceverai non sono altro che trascurabili "frasi motivazionali". Sebbene esse possano comunque essere di qualche aiuto, non potranno aiutarti a raggiungere la meta prefissata. Come già detto, invece, è necessario cambiare completamente il tuo modo di agire e pensare per poter modificare la tua mentalità. Ciò che puoi fare per ottenere positività è ricordare che sei, in ogni momento, nella posizione di poter cambiare ciò che accade nella tua vita. Molte persone credono che forze esterne controllino il loro destino, e che non possono fare nulla per opporsi ad esse. Questo conduce inevitabilmente ad un atteggiamento negativo, perchè si autoconvincono che nulla funzionerà mai per loro, non importa quante energie impiegheranno per il cambiamento. La predeterminazione è una scusa perfetta, dopotutto. In realtà non esiste nessuna forza esterna, e tue sei l'unico a muovere i fili della tua vita; se non riesci a capire questo concetto, avrai poche chance di sviluppare il pensiero positivo.

Una volta divenuto consapevole di ciò che ti accade, puoi cambiare le cose che non ti piacciono della tua vita. Piuttosto che concentrarti sull'essere insoddisfatto risperro a quello che non funziona come sperato, prendila la cosa come un'opportunità di cambiamento. Se non ti piace la tua vita, questo dovrebbe essere uno stimolo a cambiare e diventare una persona positiva. Rifletti su questo concetto. Non tutto ciò che proverai funzionerà, ma se capirai il perchè di quel fallimento e proverai di nuovo, potrai ottenere ciò che desideri. Puoi raggiungere qualsiasi obbiettivo se ci credi con abbastanza forza, tenacia e volontà.

Ogni nostra espressione, comportamento, aspetto e attitudine , nella vita, è più complesso di quanto possiamo immaginare.

Non dobbiamo mai sottovalutare il potere della mente. I nostri pensieri possono cambiarci in modo definitivo, portandoci verso la strada della negatività o della positività. Sei molto pessimista e ti lamenti spesso della tua vita?

Molto probabilmente vivi in un perenne stato di confuzione e non sei mai felice. Ti senti depresso e senza energie in presenza di una persona negativa? Probabilmente potresti iniziare anche tu ad avere questo modello comportamentale, e attrarrai eventi avversi nella tua sfera personale. Ti senti invece ispirato dalla presenza di una persona positiva?

Ti chiederai il motivo per il quale tu e molti altri siate attratti da un individuo del genere.

La verità, è che anche tu puoi essere quel tipo di persona.

Ecco alcuni consigli:

1. *Fai cose che ami.* Non c'è niente di male nel fare qualcosa che ti fa stare bene. Se fai qualcosa che ti piace, e ti fa sentire a tuo agio, otterrai sicuramente un'attitudine positiva.

2. *Cerca di essere paziente;* non lasciare che la fretta, la frustrazione e la stupidità offuschino il tuo giudizio. Resisti alle tentazione dei pensieri negativi. Esercitati con delle affermazioni positive ogni giorno, perchè più ti convinci delle tue stesse parole, più facilmente potrai abbracciare una mentalità positiva.

3. *Credi in te stesso.* Quando perdiamo la fiducia in noi stessi, allora diventiamo frustrati e colmi di

pessimismo. Abituati ad un pensiero più giusto ed equilibrato. Concentrati sui tuoi punti forti, sulle tue abilità e sui tuoi talenti, piuttosto che rimuginare sulle tue debolezze. Così facendo ti sentirai pieno di energie e sempre in controllo della situazione.

4. *Concentrati sulle intenzioni giuste.* Puntare a qualcosa di positivo per sé stessi e per gli altri può solo portare a risultati eccellenti. Le idee si diffondono, e tutto intorno a te assumerà una diversa dimensione. Coltivare un pensiero positivo è uno dei metodi più efficaci per raggiungere gli obbiettivi preposti. La verità è che la tua mente è un'arma potente, e può aiutarti a realizzare cose che ritenevi impossibili.

Essere una brava persona, ovviamente, è un ottimo inizio per per il percorso che porterà alla lotta contro i problemi quotidiani, fino al raggiundimento di sogni e obbiettivi. Se hai difficoltà a capire come essere una persona positiva, eccoti alcuni veloci consigli.

-Scrivi delle affermazioni positive e lasciale in posti dove puoi vederle spesso.

Se vuoi essere una persona positiva, prova a scrivere frasi colme di positività riguardo te stesso ed i tuoi sogni. Più ne scrivi, più materiale avrai a cui aggrapparti. Come si scrive un'affermazione positiva? Può sembrare una domanda stupida, ma a volte risulta essere un compito più difficile del previsto. Impara come strutturare le frasi, in modo da evitare possibili ostacoli. Invece di scrivere "non ho stress nella mia vita", è meglio dire "sono felice" o "sono sereno". Non è bene includere parole come "stress" nelle tue frasi, in quando la nostra mente resistra ogni cosa, a livello inconscio. Concentrati su cose semplici, chiare e colme di positività.

-Resitra e ascolta registrazioni audio di affermazioni positive.

Il linguaggio della mente nasce dalla ripetizione, e più ripeti un determinato concetto, più poi farlo diventare parte di te. Una buona idee è quella di registrare frasi positive su un CD o una penna USB e riascoltarle ogni giorno per qualche minuto. Ricordati di farlo spesso, in modo che tali idee si imprimano sul tuo subconscio.

-L'ipnosi è diventato un mezzo popolare per combattere dipendenze, superare traumi e fobie. Può anche aiutarti a coltivare il pensiero positivo ed eliminare quello negativo. Puoi imparare come immergerti in uno stato di auto-ipnosi, dove instillare concetti positivi e trasformare la negatività in energia positiva. Inoltre, oltra a quanto affermato, può essere uno strumento utile anche per risolvere altri problemi della tua vita.

-Impara ad evitare le persone negative.

E' una lezione che non sarà mai ripetuta abbastanza. Se vuoi essere una persona positiva, non puoi frequentare persone negative. Sarebbe un serpente che si morde la coda. Le persone e le situazioni avverse ci condizionano inevitabilmente, portandoci a ripetere sempre gli stessi errori. Si arriverà a coltivare a nostra volta pensieri e atteggiamenti negativi, non vedendo più le possibilità e le persone positive che invece dovremmo frequentare. Scegli con cura le persone di cui ti circondi.

CAPITOLO 7

DISTRUGGERE IL CIRCOLO VIZIOSO DELLE PREOCCUPAZIONI

Le preoccupazioni sono uno dei maggiori rischi per la nostra salute, tanto che molti medici raccomandano metodi per liberarsene e stare il più sereni possibile. Allo stesso modo, essa è deleteria anche per il nostro equilibrio mentale. Sebbene possa sembrare qualcosa con cui dobbiamo confrontarci quotidianamente, la preoccupazione è un nemico subdolo, che spesso tendiamo a sottovalutare. Se stiamo cercando una soluzione a un qualsiasi tipo di problema, preoccuparci renderà solo le cose peggiori, mettendoci fretta e impedendoci di pensare lucidamente. Preoccuparci ci impedirà di andare dove desideriamo, distorcendo la nostra attenzione e non generando alcun tipo di beneficio, anzi, aumenterà i nostri problemi e le nostre insicurezze. Questo porterà a generare energie negative.

La preoccupazione può essere vista come un'enorme buca senza fondo; non lasciarti cadere in essa, ma aspettati il meglio per il futuro e continua ad essere fiducioso. Le emozioni positive possono eclissare le preoccupazioni, per cui concentrati nell'assistere te stesso e gli altri. Essere attivi promuove la positività, e questa è una delle cose migliori che tu possa fare. Esci dagli schemi e datti da fare: passeggia, tieni pulita la tua abitazione, lava la macchina, vai a bere qualcosa di fresco in un bar del centro. Cambia visuale rispetto a quello che ti circonda, provando a creare un cambiamento positivo. Concentrati sull'esatto opposto di ciò che ti preoccupa, e pensa a tutte le opportunità che potresti cogliere. Fai una lista e rimani focalizzato su ogni possibile vantaggio a tua disposizione.

Mangia in modo sano. Può sembrare banale, ma ci sarebbe molto da dire a proposito della nostra dieta. Un regime alimentare equilibrato è essenziale per avere le energie e la chiarezza necessarie a perseguire i propri obbiettivi. Chiunque, dal più grande degli esperti al più improvvisato dei consiglieri ti dirà che il tuo benessere psicofisico parte da ciò che mangi.

Ci sono molti tipi diversi di preoccupazione. Quella riguardo alla propria salute, o quella di uno studente di non superare un esame, quella di un guidatore che teme di incappare in un incidente non appena comprata la macchina nuova, o quella della vittima di bullismo nell'affrontare una nuova giornata con i propri aguzzini. La preoccupazione per la propria salute, ad esempio, si sfogherà con continue visite a svariati medici, in cerca di qualcosa che non funzioni a dovere. Osservandola da una diversa prospettiva, la preoccupazione è strettamente legata al futuro, oppure a qualcosa che sfugge al nostro controllo. Quando siamo preoccupati pensiamo che individuando il problema prima che accada saremo in grado di evitare il fallimento. Se invece le cose ci stanno andando bene, potremmo stare ignorando un particolare importante che, nel breve periodo, cambierà ogni cosa, portandoci alla rovina. Ovviamente, ognuno di questi ragionamenti è sbagliato. Essi nascono dal nostro desiderio di controllo, e da un'insicurezza di fondo, che ci spinge nella direzione sbagliata.

Certo, non tutte le preoccupazioni sono ingiustificate. Nel caso stessimo camminando in un bosco, e all'improvviso apparisse un enorme cane rabbioso di fronte a noi, la preoccupazione sarebbe più che lecita. Tale distinzione però è evidente, la componente temporale sarebbe minima (il pericolo è imminente nel caso del cane rabbioso) e la paura più che giustificata. Quindi, quale tipo di preoccupazione è "lecita"?

La risposta risiede nei diversi tipi di problemi e alle soluzioni che possiamo adottare.

Se sei preoccupato per la salute di una persona cara, informati sui fatti ed affronta la verità senza nasconderti nulla. Sei ansioso a causa di una conferenza di lavoro, e non hai fiducia nelle tue argomentazioni? Trova un approccio diverso nel quale puoi sentirti sicuro.

I tuoi voti a scuola sono bassi, e credi di stare rischiando la bocciatura? Parla con i tuoi professori e cerca il modo di migliorare le cose. Il punto cruciale, con le preoccupazioni, è determinare se esse siano reali oppure immaginarie.

1. Fai una lista, mettendo al primo posto quello che ti preoccupa di più, e via via, tutto il resto, in ordine di importanza.

2. Analizza ora la tua lista, e determina se ogni punto è "produttivo" o "improduttivo". Riscrivi dunque la tua lista, mettendo prima gli elementi produttivi e poi quelli improduttivi (ricordati di essere metodico e assolutamente onesto). Per produttivo intendiamo qualcosa su cui possiamo intervenire istantaneamente a mettere rimedio (un guasto alla macchina, per esempio); improduttivo rappresenta invece qualcosa su cui non abbiamo nessun controllo (le turbolenza durante i voli di linea. Siamo onesti, cosa puoi fare riguardo al clima atmosferico?)

3. Finito questo esercizio, a seconda dello scenario, puoi capire se è opportuno essere preoccupati per un determinato tipo di evento. Le preoccupazioni a cui non devi pensare sono quelle vaghe, che riguardano un ipotetico futuro e sulle quali non hai potere. Esse non sono altro che ipotesi remote, atte unicamente a risucchiare le tue energie.

Fino a quando l'evento che tanto ci preoccupa non avverrà, noi passeremo il tempo a consumare i nostri pensieri e le nostre forze. Non c'è pace e non c'è sollievo nel concentrarsi su paure di catastrofi imminenti. Ricordati di dare il giusto peso alle tue ansie.

Quando dobbiamo affrontare una situazione avversa, può sembrarci che le nostre preoccupazioni siano più grandi di una montagna. Ma questo non è vero. La paura non è più forte di qualsiasi altra emozione umana, e noi possiamo essere più forti della paura.

Quindi, prendi coraggio e prova a controllare le tue preoccupazioni, fatti avanti senza esitazione. Chiunque può riuscire in questa impresa. Ecco alcune raccomandazioni per aiutarti ad affrontare qualcosa che ti preoccupa.

Identifica la radice del problema.

Se un fatto ti causa ansia, valutalo, scrivi su carta tutte le informazioni che possiedi, e vai al nocciolo della questione. Se il tuo problema è finanziario, ad esempio, assicurati che le tue spese non superino i tuoi guadagni. Un buon metodo per tenere d'occhio le tue finanze è dividere le tue spese in due colonne: "essenziali" e "superflue". Scoprirai che la seconda lista è il doppio, il triplo e forse persino il quadruplo più grande della prima. Le cose essenziali sono più economiche di quanto la maggior parte delle persone immagini.

Dipingi lo scenario peggiore.

Il problema che stai affrontando è vago e nebuloso, non ha un'immagine chiara. E' qualcosa di molto brutto che potrebbe capitarti. Una tale paura può essere superata guardandola dritta negli occhi. Chiediti, qua'è la cosa peggiore che potrebbe succedere? Certo, le risposte potrebbero spaventarti. Un incidente, un grave danno fisico, la perdita di tutti i tuoi soldi, ecc... Ma una volta raggiunto il fondo, puoi iniziare a risalire. Ragiona, una volta identificata la paura più grande, puoi iniziare a pensare a come porvi rimedio. Trova possibili soluzioni, e scoprirai che ciò che temevi di più era l'ignoto, e non un problema specifico.

Aspetta che le cose si verifichino.

Risparmia le tue energie per il momento opportuno. Ricordati di vivere nel presente, in qualsiasi altro tempo non vi è pericolo e nessun problema imminente. Non ci sono scuse, unicamente tu, che butti energie e forza mentale. Quando sarà il momento, allora dovrai essere pronto ed allerta. SOLO in quello specifico momento.

Non andare in panico.

Quando arriva il momento, respira profondamente e in modo regolare. Prenditi un momento per rallentare ogni cosa, lascia che la mente si rilassi, e togli forza alla tua preoccupazione. Molto spesso, succede che nel mezzo del panico e della preoccupazione il nostro respiro diventi mozzato, e la mancanza di ossigenazione peggiorerà solo le cose. Resta calmo.

Capisci quello che sta succedendo.

Così come un lunfo e calmo respiro calma la mente e la libera dalla confusione, il più grande svantaggio della preoccupazione è che annebbia il nostro giudizio e appesantisce il nostro spirito. A volte possiamo essere ingannati dal pensiero che la paura ci tenga al sicuro, ma nella maggior parte dei casi non fa altro che nasconderci la verità. Tale verità deve essere chiara ai nostri occhi, altrimenti non avremo la possibilità di capire e risolvere il problema. Rimani lucido, cerca la calma anche nelle situazioni che paiono difficili, in questo modo eviterai gli errori e potrai trovare la strada che stai cercando.

Valuta la possibilità di un aiuto medico.

Sebbene non sia assolutamente la soluzione ad ogni problema, se non riesci a controllare una determinata situazione che minaccia di sopraffarti, un aiuto medicinale da parte di un medico o un naturopata potrebbe aiutarti. Ci sono molte cose che minacciano la nostra serenità nel mondo moderno, e a volte bisogna essere abbastanza forti da capire di avere bisogno di un aiuto. Meriti di stare bene, e di avere un aiuto, soprattutto nei momenti più bui.

Ricorda, non è sbagliato preoccuparsi di qualcosa, ogni tanto. E' semplicemente la dimostrazione che stiamo vivendo la nostra vita. La cosa importante, però, è non farsi schiacciare dalle paure e dalle preoccupazioni. Una persona in possesso di una mentalità positiva sa che le uniche battaglie che può vincere si combattono nel tempo presente. Non sprecare le tue energie e la tua serenità per qualcosa su cui non puoi fare nulla.

CAPITOLO 8

COME ESSERE FELICE E RICONOSCENTE OGNI GIORNO

Può essere impegnativo comprendere come essere felici ogni giorno, ma come tutto nella vita, anche la felicità è una scelta, e chiunque può arrivare a tale traguardo. Ecco qualche consiglio per aiutarti a raggiungere questo obbiettivo.

-*Evita le negatività.* Tieniti alla larga dalle situazioni che ti mettono tristezza, e dalle persone negative che influenzano la tua vita.

-*Sii riconoscente.* Iniziando ad essere riconoscente per ciò che possiedi, troverai molto più facile affrontare la vita di tutti i giorni. La causa principale dell'insoddisfazione è probabilmente la mancanza di gratitudine, e avolte cadiamo tutti in questa trappola mentale. Più sarai riconoscente e meglio ti sentirai. Svegliati ogni mattina sentendoti felice per la colazione che ti aspetta, per la notte di sonno appena trascorsa, per l'alba che illumina ogni cosa. Coltiva l'abitudine alla gratitudine con i tuoi amici e affetti, pensando ad ogni favore ricevuto, non importa quanto piccolo. Vedrai molto presto dei cambiamenti nella tua visione delle cose.

-Pensa positivo! Non concentrarti su quello che non hai, impara ad apprezzare quello che possiedi. Rimuovi ogni dubbio e inizia a credere che ogni possibile problema della tua vita può essere superato.

-Non lasciare che nulla rovini la tua felicità. Se hai avuto un turno difficile a lavoro, non lasciare che questo rovini la tua giornata. Pensa a un modo per risollevare il tuo umore. Se qualcuno ti fa arrabbiare, affronta la cosa senza perdere il controllo. E' sempre una tua scelta, ricordalo, puoi essere felice ogni giorno.

-Medita. Questa tecnica ti permette di affrontare lo stress e prenderti cura del tuo equilibrio psicofisico. Può anche migliorare la tua salute, visto che l'ansia è dannosa per il nostro organismo. Liberati oggi delle pressioni negative per essere in grado di sorridere domani.

-Comprendi e rispetta le altre persone. La difficoltà nell'accettare le nostre differenze, come esseri umani, è una delle cause principale del conflitto. Quando vediamo qualcosa che non ci piace, tendiamo ad arrabbiarci. Comprendere le persone intorno a noi ed accettare i loro comportamenti ci aiuterà a liberarci delle emozioni negative.

-Aiuta il prossimo. Fare del bene è uno dei modi migliori per essere felice e soddisfatto. La gioia più grande si ottiene da un gesto d'amore disinteressato, che ti aiuterà anche ad arricchire te stesso.

-Pesa le tue parole. Non sottovalutare mai il potere delle affermazioni; con un pò di attenzione le semplici parole

possono raggiungere un significato molto profondo. Impara a trasmettere positività con le tue frasi, in modo da aiutare te stesso e gli altri. Questo ti permetterà di migliorare i tuoi rapporti interpersonali ed evitare molti problemi.

-Sorridi! Un semplice sorriso può diffondere positività intorno a te. Accogliere le persone con un sorriso sul volto è un ottimo modo di fare una prima impressione.

-Dai e condividi. Il potere della condivisione non riguarda solo la possibilità di poter aiutare le persone che ne hanno più bisogno. Attraverso la gentilezza si riceve gratitudine, creando un circolo di energia positiva che migliorerà la tua vita.

-Fatti una bella risata. Esattamente come dicono i vecchi proverbi, la risata è la miglior medicina; dopotutto le cose migliori sono le più semplici. Una risata è probbailmente il trattamento più indicato per combattere le situazioni avverse. Questo perchè ti aiuta ad allontanarti dalle emozioni più negative, e liberando la tua mente da preoccupazioni ed ansie. Forse puoi pensare di non riuscire a ridere quando succede qualcosa di brutto.

Ma questo non è vero, e la cosa migliore di una risata è che è incontrollabile, spontanea e meravigliosamente genuina. Crea una collezione di commedie divertenti o di libri che ti rendono allegro, in modo da averli sempre a portata di mano. Elimina il risentimento e la tristezza condividendo una bella risata con famigliari e amici.

-Esci con gli amici e parla di viaggi, hobbie, e condividi storie allegre, ma NON parlare della vita delle altre persone. Scegli

di parlare con gli altri di qualcosa di divertente: i viaggi che sogni di fare, lo sport, le tue passioni. Condividendo cose positive, anche le tue energie verranno puridicate. Ricordati di non parlare delle vite altrui, argomenti che spesso conducono a invidie e gelosie, creando negatività. Sei responsabile solo di te stesso, perchè sprecare tempo pensando a una vita che non puoi vivere?

-*Mangia in modo sano*. Questo ti risparmierà dolori e problemi fisici. Inoltre, sarai più felice se in perfetta salute. Come molte altre cose, si tratta di scelte; se qualcuno ti da una ragione per arrabbiarti, è una tua decisione se cedere alla rabbia oppure no. Esattamente allo stesso modo è una tua decisione optare per del cibo sano e tenerti in forma. Quindi, mantieni il controllo sulle cose importanti.

-*Pensa ad essere felice in ogni momento*. Dopo tutto, dietro ad ogni desiderio sano, c'è, come obbiettivo il raggiungimento della felicità. Un corpo sano, un partner che ci ami, una carriera soddisfacente; tutte queste cose riflettono la ricerca della felicità.

-*Fissa degli obbiettivi*. La causa principale del dolore emotivo e dell'infelicità, in generale, è la sensazione che non ci sia una direzione o uno scopo nelle nostre vite, e che tutto sia inutile. Tutti noi abbiamo bisogno di uno scopo che dia un senso al tempo che spendiamo sulla Terra. Quindi, per essere felice, cerca un proposito forte ed inseguilo con tutte le tue forze, la felicità sarà una logica conseguenza.

CAPITOLO 9

IMPARARE AD ACCETTARE ED APPREZZARE SE' STESSI

Imparare ad accettarti ed amarti, potrebbe essere una delle sfide più difficili che avrai modo di affrontare nella vita. Questo se non possiedi qualcosa di te che non ami, o addirittura odi, in quel caso tutto sarà ancora più complicato. Prendi ad esempio un disturbo alimentare; in questo caso, per una persona afflitta da tale patologia, sarà ancora più difficile amarsi. L'odio per il nostro corpo può essere generato praticamente ovunque. Dal commento di una persona in mezzo alla folla, che parla di qualcuno in sovrappeso. Oppure ancora al supermercato, quando qualcuno si preoccupa più del dovuto fissando le informazioni nutrizionali di un prodotto. Per non parlare delle pubblicità sulle riveste, che ci mostrano corpi scultorei, bellezze quasi divine. Non è difficile immaginare il motivo per il quale siamo tutti ossessionati dal nostro aspetto; siamo circondati da negatività che ci impone dei modelli da dover seguire, umiliandoci quando non siamo abbastanza bravi. Non possiamo permetterci di essere felici almeno fino a quando non abbiamo raggiunto uno specifico livello (di ricchezza, bellezza, intelligenza, ecc...). Ebbene, questo è assolutamente sbagliato. La cosa da ricordare è che non stiamo parlando di una gara, o una competizione. Non devi lasciare che gli standard della società ti spingano verso una maratona tossica per raggiungere un vacuo status symbol. Ogni passo verso l'auto-miglioramento e l'accettazione devi prenderlo in completa autonomia, senza ascoltare nessun altro. La crescita personale è una delle cose più importanti che una persona possa inserire nella propria vita. Essa può aiutare le persone a lasciarsi alle spalle la negatività, mentre con l'auto-miglioramento si può scoprire ciò che si è, e trasformarsi in cuò che si vorrebbe essere.Tutto ciò è possibile se si impara il metodo giusto con cui agire, niente è irraggiungibile. Lo sviluppo personale ci consente di capire e accettare quello che siamo, con tutti i difetti del caso. A quel punto è tutto nelle tue mani; creare un cambiamente positivo che modificherà le tue abitudini spetta unicamente a te. Molte cose possono essere fatte per liberarsi di un disturbo alimentare, ad esempio. La prima è smettere di trattare te stesso in modo negativo; ogni critica e umiliazione che muovi alla tua persona non farà altro che aumentare la negatività, peggiorando la situazione. Devi apprezarti, e vedere solo i tuoi lati negativi non ti aiuterà, ottenebrandoti la mente. Impara a godere della tua stessa compagnia e aprrezza ogni cosa bella che ti circonda. Un'altra cosa utile che puoi fare è leggere libri sulla crescita personale, e ascoltare messaggi positivi. Invece di guardare la tv tutta la sera, leggi un libro che ti aiuti a sentirti meglio con te stesso. Ascolta dei messeggia positivi, ogni mattina mentre vai a lavoro, in modo che la tua visione personale si amplii, e pensa ai cambiamenti che vuoi fare. Quando inizi ad accettare ad amare il tuo corpo, sebbene non sia quello a cui aspiri, la tua mente inizia a cambiare. Questo cambiamento porterà a risultati positivi. Se tutti quanti si prendessero del tempo per apprezzarsi e accettarsi, la vita sarebbe infinitamente migliore.

L'auto-accettazione migliora la nostra salute emotiva. Se non riesci ad accettarti, ti sentirai respinto; questo genererà paura di essere perennemente respinti nella vita, distruggendo il tuo equilibrio mentale. Puoi imparare ad accettarti, anche se è difficile. Da bambini, amiamo naturalmente e senza remore noi stessi. Una volta cresciuti, diventiamo pessimisti, e questo cambiamento, ci porterà a smettere di apprezzarci per tutto quello che siamo e possiamo fare. Nessun'altro ci sta disprezzando, siamo gli unici a negarci quello che meritiamo.

Quindi dobbiamo riscostruire la nostra immagine interiore per imparare l'arte dell'auto-apprezzamento. Il problema più grande, in questo caso, è il continuare ad essere sballottati da una parte all'altra, senza riuscire ad ottenere niente di quello che ci siamo prefissati. Questo ci riempie di timori, e ci fa sentire ancora più rifiutati. Non riusciamo a comprendere come siamo davvero, e quando guardiamo alle altre persone, il problema è lo stesso. Non riusciamo a comprendere ed accettare gli altri. Ci aspettiamo che abbiano delle caratteristiche a noi favorevoli, sebbene ciò sia egoista e pretenzioso. Dobbiamo imparare invece ad accettare gli altri per quello che sono, e noi stessi allo stesso modo. Il modo migliore per farlo è valutare onestamente quali sono le nostre migliori caratteristiche, trovando il "buono" che c'è in noi.

Imparando ad apprezzare tali virtù, smettiamo di concentrarci su quello che non abbiamo, e mettiamo il focus su quello che siamo. Un'altro modo per migliorare l'auto-accettazione è scrivere una lista con i tuoi successi, non importa quanto piccoli. Forse pensi di averni pochi, ma una volta iniziato a scrivere ti stupirai dei tuoi stessi risultati. Pensa ai tuoi traguardi, a quanto ottenuto, gli anni di scuola, o dell'università. Pensa anche alle performance sportive, ai tuoi hobbie, alle passioni. Quando hai finito, rileggi la lista lentamente e goditi l'orgoglio di ogni singolo traguardo. Lascia che questi risultati ti ispirino, instillandoti fiducia, e rileggi la lista ogni volta che è possibile, in modo da ricordare alla mente quanto sei in grado di raggiungere. Un'altro esercizio molto caldeggiato dagli esperti, che però deve essere fatto regolarmente, è quello delle cinque conquiste. Ogni sera, prima di addormentarti, prenditi qualche minuto e siediti in un posto tranquillo, ripensando alla giornata appena trascorsa. Devi concentrarti su cinque cose importanti che hai fatto durante il giorno. Possono essere qualsiasi cosa: riuscire a sorridere ad una brutta notizia, aiutare un bisognoso, dare un buon consiglio ad un amico, ignorare le provocazioni di una persona negativa, aver mangiato un pasto sano, aver passeggiato nella natura, ecc... Durante il giorno, non lasciare che la mente vaghi verso avvenimenti avversi.

Facendo questo, abituerai te stesso a cercare automaticamente le cose migliori della tua giornata, dopo un pò di pratica. Questo è un importante passo verso l'auto-apprezzamento.

Inizia a fare dei piccoli, ma sentiti passi verso l'accettazione di te stesso. Il tuo atteggiamento verso gli altri cambierà allo stesso modo, in quanto ti sforzerai di vedere il meglio di ognuno. La tua vita intera migliorerà, visto che sarai in grado di vedere il mondo in una luce diversa.

CAPITOLO 10

COME COSTRUIRE SICUREZZA E FIDUCIA IN SE' STESSI

Il termine auto-accettazione, come indicato dal suo nome, indica l'abilità di riconoscere sé stessi; questo con tutti i nostri talenti, difetti, pregi e debolezze. E' una definizione più inclusiva della rispetto alla fiducia in sé stessi, che riguarda solo il valore rispetto a quanto ci piacciamo. D'altro canto, la fiducia si riferisce anche a quanto crediamo nelle nostre abilità; se sei certo che farai un buon lavoro in uno specifico compito, allora hai fiducia in te stesso. Questa scala di giudizio si può applicare anche per quanto riguarda l'aspetto fisico e l'intelligenza. L'accettazione di sé è interdipendente alla nostra immagine mentale. Essa è la somma di quanto noi immaginiamo di essere avvenenti, intelligenti, talentuosi, fortunati, ecc... E' qualcosa che ci accompagnerà per tutta la vita, e sarà molto influenzata dai nostri successi e dai nostri fallimenti. Quindi, il primo passo per arrivare all'auto-accettazione, è "migliorare" l'immagine di sé e cambiare il proprio modo di pensare. Ovviamente, il requisito fondamentale per il cambiamento, è la conoscenza di quello che ci compone, un'analisi lucida e senza timori di ogni cosa, compresi i fallimenti. Alcune delle nostre debolezze, difetti e perdite possono essere cambiati, per cui bisogna essere in grado di accettarli. Molti sono convinti di essere troppo magri, troppo grassi, troppo bassi, troppo piccoli, troppo calvi, ecc... Se anche tu sei convinto di avere dei difetti terribilmente pronunciati, devi, per prima cosa, ricordare di non odiare te stesso. In molti casi, alcune caratteristiche sono con noi fin dalla nascita, e non siamo in alcun modo responsabili per esse. Quindi, perchè non amarci per ciò che siamo? Non bisogna essere perfetti, nessuno lo è. Ripeti a te stesso: "Io non sono l'uomo/la donna ideale, nessuno può esserlo. Io sono ciò che sono, e costruirò il mio successo partendo proprio da questo, senza tirarmi indietro."

Essere sé stessi è importante, e la ragione principale di ciò è che la nostra felicità e la nostra capacità di ottenere risultati dipendono dall'accettazione di sé. E' molto difficile ottenere qualcosa di positivo, altrimenti. Prova a riflettere, nella vita, l'unica persona su cui potrai davvero contare è quella che ti fissa ogni mattina di fronte allo specchio, quindi perchè non fare tutto il possibile per amarla e andarci d'accordo? Smetti di provare a raggiungere standard di irrealistica perfezione, e accettati per quello che sei. Questo però non significa che non devi provare continuamente a migliorare ed arricchire te stesso; il desiderio di miglioramente è una cosa molto positiva. Non ascoltare quello che pensano gli altri; a volte non riguarda nemmeno te stesso, quanto piuttosto l'immagine che loro hanno di te, quindi rimani fedele alle tue convinzioni. Ricorda anche che nessuno può farti sentire in difetto rispetto alla tua persona, a meno che non sia tua a lasciarglielo fare.Spesso le persone fanno o dicono cose che possono ferire gli altri senza nemmeno rendersene conto (altre volte, invece, il male è intenzionale). Non prendere nulla mai troppo seriamente. Devi sempre ricordare chi sei, e quali sono i tuoi obbiettivi. Nessuno può costruire o distruggere il tuo percorso, solamente tu. Impara ad ignorare le persone tossiche.

Consigli per migliorare l'auto-accettazione

-Non provare a impressionare gli altri. Come già detto, provare ad entrare in una "mentalità competitiva" è una cosa stupida. Con chi stai lottando? Il focus dovrebbe sempre essere sulla tua vita. Concentrati sulle cose utili e belle che ti circondano, e goditi ognuna di esse. Non ignorare né prova a negare ogni tua debolezza o sbaglio; non devi pensarci ogni secondo, ma ricordare a te stesso che lavorerai duramente per migliorare.

-Identifica un modello positivo. Trova qualcuno che ammiri (una figura positiva) e fatti ispirare. Non si parla di invidia, ma di pianificare degli obbiettivi. Non c'è niente di male a prendere ad esempio qualcuno che ha avuto successo.

-Non essere troppo duro con te stesso. Essere una persona esigente è una cosa positiva, ma assicurati di non esagerare. Siamo umani, facciamo sbagli e non c'è nulla di male in questo. Quindi, non incolparti, e sii più indulgente con te stesso e con gli altri.

-Impara dai tuoi errori. Se non sei soddisfatto con qualcosa

che ti è capitato, prova a riaffrontarla nella tua memoria. Il passato non ci deve ossessionare, ma con il giusto approccio, possiamo imparare molto da esso.

Ricorda, tutti quanti hanno delle cose che non amano di loro stessi. Non sei solo, anche se a volte di senti come una nave nel mezzo della tempesta. Quando inizi a preoccuparti troppo per qualcosa che non ti piace, ripeti a te stesso: "Nessuno è perfetto. Io non lo sono, non lo sono stato e non lo sarò mai. Anche gli altri non sono perfetti, e non c'è niente di male in tutto questo." Per esempio, ci sono persone che sono talentuose e molto sicure di loro in un particolare sport, ma dei completi disastri quando devono parlare ad un pubblico.

E' bene ricordare che la fiducia in sé stessi non è necessariametne collegata alle effettive capacità. Alcuni individui con abilità considerevoli mancano della fiducia in loro stessi.

Un'alta fiducia in sé stessi e al tempo stesso una bassa autostima è un'altra combinazione possibile. In generale, le persone con bassa fiducia cercando costantemente l'approvazione degli altri per sentirsi bene con loro stessi. Quando non riescono ad ottenerla, perdono sicurezza. Altre volte fanno fatica ad accettare i complimenti, credendo di non meritarli, e si aspettano continuamente il fallimento. Quindi, come è possibile creare fiducia in sé stessi?

La risposta non è semplice; in generale, una mancanza di fiducia viene da anni di emozioni avverse. Uno dei modi migliori per iniziare il percorso di "risalita" è capire quello che ti piace fare. E' molto più semplice sentirsi sicuri e dare il massimo se stiamo facendo qualcosa che amiamo. Fai un'elenco di tutte le cose che ti piace fare, e contemporaneamente stila una lista dei tuoi punti di forza. Ora prova a confrontarle; sono in qualche modo compatibili? Se la risposta è negativa, sforzati di trovare il modo di creare una connessione, trovando il modo di accomunarle. Di cosa hai bisogno? Esercitarti di più? Comprendere meglio una particolare questione? Fai quello che è necessario per arrivare all'obbiettivo.

Quindi, una volta fatto, concentra tutte le tue forze e dimenticati di ogni errore fatto in passato. Questo non significa creare un'immagine non veritiera di sé stessi; sii onesto con te, ma non farti ossessionare dalle tue debolezze. Dovresti sempre osservare tutto quello che ti compone, ma è importante focalizzarsi sui propri aspetti più positivi. Prendi quanto di meglio ti circonda, dalle persone che ti stanno intorno, e rimuovi ogni negatività che possa minacciarti. Per darti coraggio, usa le affermazioni positive e crea un dialogo interiore costruttivo. Gli obbiettivi sono importanti, ti danno fiducia quando riesci ad avvicinarti ad essi. Prenditi cura di te e non lasciarti andare per nessun motivo. Sii sempre preparato per quello che ti aspetta, con un'attenta pianificazione, si può sconfiggere l'insicurezza.

Continua ad imparare e a studiare, anche quando pensi di sapere tutto di un argomento. L'auto-valutazione è un importante alleato, quindi sii sempre onesto e non avere paura di guardarti allo specchio. Ricordati sempre di sorridere ogni volta che puoi, ogni momento speso a preoccuparsi è un momento perso. Usa la visualizzazione per fissare un obbiettivo, e prova a raggiungerlo con positività e amore verso te stesso.

68

CAPITOLO 11

COME SPRIGIONARE IL POTERE DELLA MOTIVAZIONE

Avrai sicuramente incontrato, nella tua vita, persone che cercano sempre di essere produttive e mirano al successo. Allo stesso modo, avrai conosciuto altre che semplicemente sembrano non essere interessate a tale mentalità. La ragione, molto probabilmente, è che non sanno come sprigionare la loro motivazione interiore per raggiungere quello che desiderano.

In questo capitolo, imparerai alcune azioni che puoi compiere per promuovere la forza della motivazione. Ricorda, anche se non ne sei sicuro, hai già tutto quello che ti serve per arrivare ai tuoi obbiettivi. Ecco alcuni consigli per aiutarti a farcela.

1. Prima di tutto, sei a conoscienza del perchè stai cercando di fare una determinata cosa? Sai che nella vita c'è una ragione per ogni cosa che facciamo? Sai perchè stai leggendo queste parole? C'è qualcosa che ci guida nel corso della nostra esistenza; scopri la ragione per la quale stai cercando di raggiungere il tuo obbiettivo nella vita.

2. Cerca di concentrarti e pensa ai risultati che desideri. Se odi fare jogging, prova a considerare i vantaggi di un

corpo più snello, di una vita più sana, della positività che otterrai, ecc...Se pensi e ti concentri su quello che vuoi nella tua vita, ti sentirai bene quasi come lo avessi già ottenuto.

3. Infine, datti immediatamente da fare. La chiave è iniziare a fare il primo passo. Una volta fatto, otterrai automaticamente gli strumenti per arrivare a destinazione; è il principio del dinamismo. All'inizio è difficile partite, nella stessa maniera di un treno, ma una volta in movimento è quasi impossibile fermarlo.

Come puoi motivare te stesso per raggiungere i tuoi obbiettivi?

Quanto fortemente desideri raggiungere un determinato risultato?

Quanto sei motivato a continuare a lottare per quello in cui credi?

La forza delle tue motivazioni determina quanto fortemente desideri qualcosa. Questa energia ti continuerà ad alimentare, incurante dei problemi, degli ostacoli, degli imprevisti e di ogni possibile fallimento. Ti racconterò adesso una storia per chiarire il concetto.

Ricordo che un amico aveva fissato un obbiettivo per qualcosa in cui sembrava molto interessato. Parlò per giorni riguardo ai traguardi che desiderava raggiungere; di quello che significavano per lui, e di come avrebbe raggiunto il traguardo in sei mesi. Un paio di mesi fa, questo mio amico, che chiameremo Bill, mi ha invitato fuori per una serata.

Si sentiva scoraggiato e miserabile, continuando a dire quanto fosse deluso di non aver raggiunto il proprio obbiettivo.

"Obbiettivo? Quale obbiettivo?" è stata la mia onesta risposta.

"Non ricordi? Volevo arrivare ad avere un fisico tonico." rispose Bill, palesando frustrazione nella sua voce.

"Oh, vero. Abbiamo tutti pensato che avessi cambiato idea, perchè non ti abbiamo visto andare in palestra." Ho risposto.

Credevo che alla fine quello di Bill fosse soltanto uno scherzo.

Perchè è accaduto tutto questo?

All'inizio, Bill era eccitato ed entusiasta del suo proposito di ottenere un fisico invidiabile. Pensava ai risultati, all'autostima, al successo con l'altro sesso, a un stile di vita più sano, ecc... Era ligio e molto serio a proposito del suo obbiettivo. Andava diligentemente in palestra 4/5 volte a settimana. Assumeva proteine, beveroni, seguiva la propria scheda di allenamento e parlava tutto il tempo del suo programma di fitness e di quanto felice fosse dei suoi progressi. Col passare del tempo, però, le cose sono cambiate. Ha iniziato ad andare in palestra 2 volte a settimana il terzo mese del suo programma, e ha finito con frequentarla solo 1 volta a settimana nei mesi successivi.

"All'inizio era entusiasta e pieno di energie, sentivo che niente poteva fermarmi." Mi ha spiegato.

Quindi cosa è andato storto? Dov'è finita quella sua incredibile motivazione?

Dopo un periodo iniziale di entusiasmo, è diventato evidente che Bill ha perso il proprio interesse, perchè non era veramente intenzionato a migliorare il suo fisico. Quello era solo un desiderio passeggero che è svanito col tempo. Non desiderava abbastanza fortemente quell'obbiettivo, per dila in modo semplice. Se così non fosse stato, avrebbe continuato per la sua strada, incurante di ogni problema o distrazione. Bill era combattuto fra un desiderio non troppo forte ed il pensiero che anche senza un corpo tonico, la sua vita sarebbe cominque andata avanti. Quindi, alla fine, quale di queste due "correnti" ha vinto?

Nonostante i pensieri divisivi, Bill non desiderava così fortemente il proprio obbiettivo. Il desiderio di quel corpo tonico era rimasto, ma la sua motivazione, così potente, almeno all'inizio, era sparita in fretta. Questo perchè essa non si era trasformata in un obbiettivo da raggiungere, rimanendo vaga, senza attecchire. Se così non fosse stato, le cose sarebbero andate diversamente. Un obbiettivo va sempre raggiunto.

La passione accende la fiamma che alimenta la forza per raggiungere ogni sogno o risultato. La passione ci dà le energie necessarie per conitnuare a lottare, ignorando ogni ostacolo.

Trova la tua motivazione, quella più vera, e alimentala con la tua passione; raggiungerai senza dubbio quello che ti sei prefissato.

CAPITOLO 12

L'IMPORTANZA DI ACQUISIRE UNA MENTALITA' VINCENTE

Lo sviluppo di una mentalità vincente è la forza motrice dietro ai soldi, al successo, alla fama, ecc... Ogni milionario ti dirà che è stata la sua mentalità a fare la differenza.

Senza di essa sei come una nave a cui manca il timone; per arrivare al successo hai bisogno del giusto mindset e delle abilità per utilizzarlo. Puoi acquistare tutti i libri sull'argomento e leggere avidamente ogni pasaggio, ma senza la giusta mentalità, non raggiungerai mai quello che desideri. Questo è un punto di svolta incredibilmente importante, quindi presta attenzione.

1. Concentrati ed affronta i dubbi.

Concentrarsi sembra un compito semplice, ma quando la negatività si fa sentire, la sua importanza aumenta vertiginosamente. Concentrandoti riuscirai a superare i pensieri spiacevoli che ti affollano la mente. Questo vale specialmente durante la notte, quando a volte ti svegli senza apparente ragione. Io li chiamo gli "incubi del come", perchè si presentano come una serie di domande terribili. Come farò a fare questo? Come potrò permettermelo? Come pagherò le bollette? Chiunque li abbia affrontati, almeno una volta nella vita, sa quanto impotente e miserabile riescano a farti sentire. Eppure, per riuscire a sconfiggerli, devi prendere in mano la situazione. Quando uno di questi "incubi del come" compare, devi concentrarti su quello che vuoi nella tua vita. Tutto ha una risposta.

Esempio: Come posso permettermi le bollette? Posso farcela, eliminerò ogni debito e tutto quanto sarà pagato. Ogni mese, sebbene con difficoltà, risparmierò il necessario e pagherò, facendo ogni possibile rinuncia del caso. Questo processo non può essere evitato, se si vuole creare l'approccio giusto ai problemi. E' un viaggio che devi affontare in prima persona, non importa quanto hai imparato fino a quel momento. Puoi conoscere la ricetta di una torta a menadito, ma fino a quando non ti metterai ai fornelli non puoi sapere se riuscirai a cucinarla. Concentrati, non lasciare che il caos nella tua mente ti inganni.

2. Lascia che la tua mente prenda il controllo.

Quando sei riuscito a trovare la giusta concentrazione, la tua mente risponderà iniziando a darsi da fare. Così facendo, essa inizierà a darti un piano d'azione per come agire nei prossimi passi. Prendi la palla al balzo e inizia a scrivere una lista di quello che devi fare, e cerca di ottenere le risorse di cui hai bisogno. Una mentalità vincente è una cosa fantastica, ma essa va costruita. Questa tecnica non solo chiarisce i tuoi pensieri, ma ti da la spinta per prendere il controllo della situazione. La tua mente ti aiuterà, non aspettare; più velocemente eseguirai i tuoi piani, prima arriverai ai tuoi obbiettivi. Batti il ferro finché è caldo.

3. Esercitati.

Molte persone affermano che la pratica renda perfetti, ma non esiste un metodo ideale quando si parla della mente. A volte sembra di vincere, altre volte di perdere. Questo stesso processo è un'ottimo esercizio. Come puoi capire di aver fatto dei progressi se prima non hai fallito? Una mentalità vincente è simile a un qualsiasi risultato sportivo o un evento assimilabile. Devi allenarla ogni singolo giorno. E' un processo semplice, poichè la tua mente agisce liberamente e trasforma i pensieri in possibili risposte. Il "vero" esercizio inizia quando le cose non vanno come vorresti, e devi "riprogrammare" i tuoi pensieri. Quindi ricomincia da capo, e prova a modificare quello che stai facendo. E' questa la strada per il successo, e dopo pochi giorni non ti sembrerà più di starti esercitando, e la tua mente avrà già iniziato la sua trasformazione.

Se sei in grado di gestire i tuoi pensieri rendendoli positivi, non credi che saresti anche in grado di raggiungere il successo? Il significato di lavoro intelligente è molto conosciuto, e nonostante molte interpretazioni del suo significato siano usate abitualmente, l'obbiettivo è sempre enfatizzare i benefici della concentrazione, disciplina e duro lavoro.

Il duro lavoro, protratto nel tempo, è il fondamento su cui si basa ogni carriera.

Quando le abitudini lavorative diventano note e radicate, l'impegno che una persona continua a mettere nella propria mansione può variare. Questo succede perchè il capo si comporta in modo disonesto, perchè l'ambiente lavorativo non è sano, non c'è gratitudine o gratificazione, ecc... Sebbene queste situazioni siano certamente fastidiose, se si sviluppano nella tua routine lavorativa, non sono però una scusa per interrompere la tua strada verso il successo. Il duro lavoro deve essere una priorità ogni giorno, se tieni alla tua professione.

Eppure l'impegno può sembrare ingiustificato, se le aspettative dfi una persona non vengono soddisfatte, e non utilizza l'auto-disciplina. La questione è rimanere responsabili e concentrati sulla qualità del tuo lavoro, in modo da continuare a raggiungere ottimi risultati.

Riguarda anche te stesso e la tua vita, che non può dipendere dalle mere circonstanze, non importa quanto dure possano sembrare. Lascia che la disciplina ti guidi, e riconosci che le tue performance dipendano dall'ipegno costante che genera una mentalità forte e professionale. Lo sviluppo di una disciplina intellettuale fa sì che il tuo lavoro risalti, mentre la mancanza di esso creerà disarmonia e confusione. L'auto-disciplina si basa su una prospettiva logica e razionale, governa e promuove l'uso di metodi di lavoro produttivi.

E' ottima nello sviluppo della carriera e richiede una concentrazione prolungata, piuttosto che la spasmodica ricerca della perfezione. Una persona sarebbe incline all'impulsività, alle scelte emotive e alla mancanza di concentrazione senza la giusta disciplina.

E' facile iniziare a lavorare sulla propria disciplina, sia che sia qualcosa che vuoi iniziare subito, sia che decidi di fissare in un determinato momento. Non richiede strani riti preparatori o periodi di prova, solo fissare un obbiettivo. Puoi scegliere il meglio per la tua professione o per il tuo lavoro in generale. Il tuo lavoro (di solito) ha una mansione specifica o un determinato compito che devi svolgere. Con il tempo e la pratica, puoi arrivare a determinare il minimo impegno necessario a completarlo, e a fine giornata, non aver speso ogni energia. Ovviamente, poi subentrano gli imprevisti. Una mole di lavoro maggiore, una scadenza imminente, qualcuno ai vertici che richiede maggior impegno, ecc...

Puoi affrontare questa situazione in modo positivo o negativo, ma è bene ricordare che sono queste le scelte che determinano una carriera. La tua attitudine verso il lavoro influenzerà il modo in cui scalerai le tappe; se decidi di fare solo lo stretto necessario, sentendoti scontento e demotivato, probabilmente non arriverai lontano.

Non puoi vedere l'impegno come qualcosa da utilizzare per raggiungere un risultato a breve termine, piuttosto che come uno strumento indispensabile in tutta la tua vita professionale.

Devi raggiungere un approccio disciplinato, che promuove l'efficenza quotidiana e ti fornisce la sicurezza necessaria a superare i problemi che incontrerai nel tuo percorso.

Però come puoi sentirti bene a proposito del tuo lavoro, e mantenere salda la tua posizione anche in condizioni che non ti piacciono? Se eventi o persone avverse ti causano sentimenti di negatività e frustrazione, non puoi semplicemente sforzarti di creare emozioni positive.

Devi cambiare la tua visione d'insieme, e qui l'auto-disciplina è essenziale. Puoi decidere di sentirti comunque a tuo agio come professionista, a prescindere dalla situazione e aggiungere questa energia come ulteriore motivazione per raggiungere gli obbiettivi che ti sei prefissato. Questo ti consentirà di generare una mentalità disciplinata, in grado di concentrarsi senza farsi condizionare dall'esterno. La tua carriera è una sequenza di passi, e col passare del tempo, otterrai più competenze e abilità. Tu, come persona, puoi continuare a crescere ed apprendere. Prova a vedere ogni lavoro come un passo verso la tua crescita, un modo per aumentare le tue abilità e capacità di comprensione. Se un particolare compito ti mette in difficoltà o in generale non ami eseguirlo, crea una lista di quello che hai comunque potuto imparare da esso (potrai anche inserirlo nel tuo curriculum) e vai avanti.

Assicurati, in ogni caso, di avere una mentalità analitica quando decidi di farti avanti per una posizione o affronti un colloquio per un nuovo impiego. Considera la cosa dal punto di vista del datore di lavoro. Se stessi cercando qualcuno per un certo tipo di impiego, quali sono le caratteristiche che considereresti? Qualcuno il cui tono è palesemente frustrato e che non sa dire molto riguardo alla precedente mansione che ricopriva? Non sarebbe di certo un candidato ideale, non credi? Ora considera qualcuno con esperienza e professionalità, con bene in mente quali sono i suoi obbiettivi e i cui risultati ottenuti in ogni ambito sono chiari e comprensibili. Questo sarebbe il candidato che vorresti assumere, perchè dimostra un'impeccabile auto-disciplina. Osservare questo tipo di scenario rende immediatamente chiara la differenza fra una persona professionale e una improvvisata, oltre a sottolineare ciò che cambia fra un pensiero disciplinato ed uno carico di confusione. Lavora sulla disciplina, e non avere paura di dare tutto te stesso; i risultati arriveranno.

Come costruire auto-disciplina e concentrarsi sulla pianificazione della carriera

Puoi iniziare a crearti una mentalità lavorativa autonoma molto velocemente, esaminando per prima cosa il tuo piano per la cariera. Se non hai ancora pianificato il tutto, questo è il momento di iniziare a farlo. Seleziona almeno un obbiettivo a breve e alungo termine che vorresti raggiungere a livello lavorativo. Questo ti fornirà una prima direzione che può aiutarti in modo lungimirante, piuttosto che concentrati solo sulle tue attuali condizioni lavorative. You can start creating an autonomous working mind right away by examining your career plans first. If your career details cannot be articulated, it is time to start now.

Select at least a short and a long-term career goal. That gives you a feeling of direction that can help you learn rather than concentrate on present working conditions.

L'obbiettivo di stabile un piano per la tua carriera è quello di darti un senso di avanzamento. Ogni giorno che passa, anche se non stai crescendo direttamente, stai comunque imparando da ogni situazione, avvicinandoti a quanto desideri.

Imparare e crescere.

Massimizzare il tuo potenziale di crescita e apprendimento è una compotenente essenziale di un approccio disciplinato. Se un tuo superiore fissa un obbiettivo lavorativo, chiedi se puoi fare ancora di più. Potresti, per esempio, intraprendere un ulteriore progetto basato sulle direttive iniziali, portando un quadro più completo di quello previsto inizialmente.

Qualcuno potrebbe definire questo come "anti-intuitivo", o addirittura additarti come "cocco della maestra" o altri epiteti negativi. Ma in realtà non è vero, tu stai lottando per i tuoi obbiettivi, e ne devi essere orgoglioso. Se le tue richieste di un lavoro più approfondito vengono accolte, questo genera un sentimento di soddisfazione e una prospettiva di autentivo sviluppo professionale, dove puoi essere parte attiva in tutto il processo lavorativo. In ogni caso, ricorda che la cosa più importante è rimanere auto-disciplinato, caratteristica essenziale per lunghe e soddisfacenti carriere. La correlazione più grande fra un pensiero disciplinato e il giusto impegno è l'ottenimento di grandi risultati.

Questa definizione spinge al massimo l'idea che dovresti avere del tuo lavoro. Mira a massimizzare i successi che puoi ottenere con le tua attuali capacità, mentre rimani aperto all'apprendimento e al miglioramento; esattamente l'opposto di chi si accontenta di fare il minimo richiesto. A volte non sarai al top della forma, e questo è umano, non darti addosso. Alcuni giorni ti esauriranno completamente, altri ti faranno sentire senza forze. Il significato dell'auto-disciplina, però, è quello di non usare alcun tipo di scusa per non essere al massimo dell'efficienza. Sia che una nuova politica aziendale ti metta in difficoltà, sia che ci siano nuovi compiti e nuove mansioni da apprendere, tu devi adattarti, tenendo alta la concentrazione. Puoi sempre prendere in mano le redini della situazione e impegnarti nello sviluppo della tua carriera per ottenere il massimo dei risultati. Impara a costruire l'auto-disciplina come un modo di pensare, così che sia la tua autostima professionale, sia il tuo approccio quotidiano miglioreranno, andando ad influire positivamente sui tuoi risultati.

Il modo migliore per controllare la tua carriera, e creare un percorso di realizzazione, è poter essere in grado di controllare come ti senti e come lavori. Se riesci a sentirti bene, grazie all'auto-disciplina, puoi avere la forza mentale per resistere alle condizioni avverse ed essere pronto a cogliere nuove opportunità di carriera.

CAPITOLO 13

COSTRUIRE UNA ROUTINE MATTUTINA E FISSARE DEGLI OBBIETTIVI

La correlazione fra raggiungere i propri obbiettivi e la nostra routine mattutina è piuttosto forte. Il viaggio della mattina, verso il lavoro o qualsiasi altra destinazione, e una delle prime cose che facciamo durante il giorno. Per una persona qualsiasi, una tipica routine mattutine potrebb essere:

Suona la sveglia.

Mentre siamo ancora addormentati, la posticipiamo.

Questo per tre o quattro volte.

Apriamo gli occhi.

Controlliamo la sveglia, e con panico, ci rendiamo conto di aver dormito troppo.

Ci catapultiamo a fare la doccia, trangugiando poi il caffé e una raffazzonata colazione.

Cerchiamo tutte le cose che ci servono per il lavoro, sperando di non dimenticare nulla.

Non riusciamo a trovare le chiavi della macchina.

Siamo infine pronti, salutiamo la nostra famiglia e corriamo a lavoro.

Rimaniamo bloccati nel traffico, continuando a fissare nervosamente l'orologio.

Arriviamo tardi in ufficio e brontoliamo per il resto della giornata.

Questo quadro suona per caso famigliare? Per esperienza personale, posso dire che mi riconosco in queste parole. Bisogna sottolineare che una routine mattutina ideale inizia la sera precedente. Non ti serviranno più di dieci minuti per preparare in anticipo le cose per il lavoro, mettendo tutto quello che ti serve in una posizione comoda ed intuitiva. Ovviamente questo tempo raddoppierà il mattino, se si è in ritardo, pieni di fretta e preoccupazione per l'orologio che continua a correre. Prova a mettere la sveglia nel guardaroba, o in una qualsiasi posizione lontana dal letto, in modo da doverti per forza alzare per poterla spegnere. Lascia il telefono nella borsa che utilizzi a lavoro, se non hai la necessità di utilizzarlo, in modo da non dover perdere tempo a cercarlo il giorno dopo. Vai a dormire presto, in modo che quando la sveglia suonerà, avrai potuto giovare di 7/8 ore di sonno.

Scegli la quantità giusta di riposo in base al tipo di lavoro che svolgi. Una volta che la sveglia si mette a suonare, non ignorarla; scegli una suoneria forte e dal suono irritante, che non ti permetta di riaddormentarti. Una volta in piedi, è il momento di un piccolo allenamento, qualcosa che aumenti il tuo ritmo cardiaco e ti faccia versare un pò di sudore.

All'inizio, parti con qualcosa di molto semplice, e mano a mano aumenta fino a darrivare a 30 minuti di esercizio. Hai tutto il tempo del mondo se inizi ad usarlo nel modo saggio.

Fatti una doccia ristoratrice, vestiti e goditi una buona colazione. Prendi tutto quello che ti serve e dirigiti a lavoro, dove arriverai 15 minuti prima del solito. Così facendo inizierai 15 minuti prima e tornerai a casa 15 minuti prima, non male, vero?

Una buona routine mattutina può fare la differenza per tutto il resto della giornata. Ti sentirai bene, e ancor prima di iniziare nei tuoi compiti quotidiani, avrai già raggiunto degli obbiettivi. Ovviamente, con la giusta programmazione, la tua routine può permetterti di fare molto di più. Una passeggiata nel vicinato, una breve meditazione, la stesura di un diario.

Così facendo, non avrai più motivo di lamentarti ed essere di cattivo umore per come la tua giornata è iniziata. Col passare del tempo, ho ideato pochi semplici strategie per migliorare la ruoutine mattutina e sentirmi bene. Ecco qualche consiglio.

1. Sveglia la mente e mettila a lavoro.

Il primo ed il più importante approccio da utilizzare, appena fuori da letto, è quello che chiamo "l'esercizio vulcanico". Devi concederti 30 secondi di pura fatica, utilizzando tutte le tue energie; può essere una corsa, dei saltelli, delle flessioni. Può sembrare un lasso di tempo irrisorio, ma è più che sufficiente, se fatto con vigore, per liberare la mente dalla sonnolenza che ti avvolge subito dopo la sveglia. Prova questo metodo e vedrai come la mente si trasformerà in qualcosa di molto più attento e pronto a produtte.

2. Prenditi cura di te stesso.

E' sempre una buoan idea prendersi cura di noi. La nostra igiene ef il nostro aspetto sono un riflesso di energia positiva. Quindi prenditi del tempo per rasarti, mettere una crema corpo, fare uno scrub, o qualsias altra cosa che ti faccia sentire bene e sicuto di te.

3. Viziati.

Una routine mattutina non deve essere solo una lista di obblighi. Puoi spendere qualche minuto per fare qualcosa che ami, che ti faccia sentire rilassato, oppure che ti dia energia per la giornata. Se immaginiamo quello che ci aspetta solo come una sorta di tortura, tutto ci sembrerà molto più difficile. Agisci e ricordati di dare un significato al tuo tempo.

4. Goditi i tuoi affetti.

Anche restare al tavolo della colazione a parlare con i tuoi famigliari o i tuoi amici è un ottimo modo di inizare la giornata. L'amore è un carburante eccellente, e se vuoi dare il meglio di te per il resto del tempo che ti aspetta, ne avrai bisogno. Puoi anche dedicarti ai tuoi animali domestici, nel caso che tu viva da solo, concentrarti sulle cose che ami e sui tuoi sogni e progetti a breve termine.

CAPITOLO 14

IMPARA A PERDONARE PER RAGGIUNGERE LA PACE INTERIORE

Una delle sfide più difficili da affrontare, nelle nostre vite, è risuscire a perdonare gli altri per i loro errori. Questo non significa giustificare il prossimo per il suo comportamento sbagliato; non stiamo parlando di accettare ogni cosa passivamente. Il perdono riguarda liberare la mente e lascire andare emozioni negative che si stanno trascinando da tempo.

Quando non riesci a perdonare qualcuno, che forse non merita neppure di essere perdonato, tutte le tue interazioni future soffriranno di questo episodio. Si possono fare molti esempi: l'assenza di fiducia negli altri, l'incapacità di mettersi a nudo, la paura di essere feriti di nuovo, ecc... Il valore del perdono riguarda solo ed unicamente te, non necessariamente le altre persone coinvolte. Diciamo, per esempio, che i tuoi genitori ti abbiamo fatto qualcosa di molto grave, anni fa, e che non tu non riesca a perdonarli. Dopodiché, dopo diverso tempo, vengono a mancare. Come potresti perdonarli, adesso? Sarebbe troppo tardi.

Loro se ne sono andati, ma la tua ansia, la tua tristezza, la tua rabbia e ogni altra emozione che nasce dalla mancanza di perdono è ancora con te. Perchè quindi è così difficile perdonare gli altri? Dovremmo rifiutarci di dimenticare tutto quello che ci è stato detto e fatto? Se crediamo che qualcuno debba essere perdonato, questo implica che pensiamo ci sia stato fatto del male. Spesso bisogna ricordare che gli altri non si rendono neppure conto di averci ferito. Nei rapporti interpersonali, a causa della natura umana, imperfetta per definizione, può succedere che qualcuno dica o faccia qualcosa che provochi dolore, tristezza o rabbia. Altrettanto frequentemente, abbiamo alte aspettative verso gli altri, magari verso qualcuno in particolare, e quando esse vengono disattese, la sofferenza è dietro l'angolo. Guardando la questione da questo punto di vista, il problema sono loro, o piuttosto siamo noi? Una delle più cocenti cause della delusione sono le aspettative non soddisfatte, e tutti, prima o poi, sperimentaranno tale emozione. Quindi questo significa che dobbiamo sempre perdonare gli altri e che la delusione viene unicamente generata dalle incomprensioni? Non necessariamente; inoltre personare ogni persona per ogni cosa comporterebbe un dispendio di energie fisiche e mentali considerevole. Comprendere quando le persone ci feriscono senza volervo è comunque un ottimo inizio. Non volevano farti del male, ma a causa di fraintendimenti e superficialità si sono create delle tensioni (ovviamente si parla di alcune situazioni, non di tutte le situazioni.) Sì, bisogna anche ricordare che ci sono individui il cui unico obbiettivo nella vita è fare del male, disturbare, creare scompliglio e portare malumore. Ma, qualsiasi sia la circostanza, dobbiamo smettere di vederci come delle vittime e continuare ad avanzare verso la felicità.

Chi devi perdonare e perché devi farlo?

Prima di tutto, ricordati che il perdono non riguarda gli altri, né quello che ti è stato fatto; riguarda solo ed unicamente te. Chi sei, cosa diventerai, come crescerai, e come potrai affrontare lo stress, la negatività e tutte le relazioni connesse alla persona che non hai perdonato. La violenza non è mai una risposta.

Non solo ideologicamente; a prescindere dal fatto che la violenza tende solo a generare altra violenza, il punto non è questo. Le emozioni negative generate dalla violenza e dal desiderio di vendetta non spariranno una volta che essa sarà stata consumata. Il rancore rimarrà, accompagnato dalla tristezza, dalla frustrazione e dal senso di colpa. Non ti meriti tutto questo. Tu hai la capacità di controllare le tue emozioni, e la tua intera vita. Non hai bisogno di negatività, quindi lasciala andare. Chi o cosa devi perdonare per riuscire ad andare avanti? Ho concluso, dopo diverso tempo, che ci sono dei passi verso il perdono.

E' una tecnica, un'atto di volontà, piuttosto che una semplice emozione. Non stiamo parlando di un semplice "antidolorifico" da assumere in attesa che chi ci ha fatto del male muoia, o esca dalla nostra vita. Quasi tutti i metodi sono basati su alcuni aspetti religiosi, considerali, sia che tu creda oppure no. Visto che il perdono è un atto della volontà, richiede del tempo prima che le emozioni si allineino ai tuoi gesti. Posso perdonare un uomo, ad esempio, per essere entrato in casa mia ed aver rubato alcuni gioielli. Tuttavia, non posso semplicemente usare il premio assicurativo che mi spetta per comprare altre cose. Alcune di quei gioielli appartenevano a mia nonna, che amavo, e che mi ha lasciato in memoria una volta morta. Quindi, ogni volta che non potrò vederli o indossarli, sarà per me difficile non sentire il peso della perdita. Vedersi strappare una vita è ancora più difficile, come chiunque può testimoniare, ancora di più quando riguarda circostanze violente. Come poter perdonare, allora? In entrambe le situazioni io scelgo di perdonare, perchè so che alla fine ciò che otterrei, nel caso contrario, sarebbe una terribile negatività. Il doloro e la rabbia casusati dalla perdita possono sempre tornare, in una montagna russa di emozioni, e puoi finire col perdere te stesso. Certo, puoi trovare ridicola la tua volontà di perdonare; tutto potrà sembrarti terribilmente ipocrita e senza senso. Ma ricorda, il perdono non è mai un errore. Cosa ancora più importante, il perdono non implica attendere una giusta punizione o qualche tipo di effetto. Quindi, come funziona in realtà?

Può essere un processo istantaneo se ti trovi a dimenticare una piccola ingiustizia, un atto che richiede uno sforzo minimo. Opure può essere un viaggio lungo e doloroso per lenire te stesso, se hai perso qualcosa di importante. Durante quel viaggio, il tuo desiderio di perdono è ciò che ti servirà per andare avanti. Quindi, è essenziale conservare la perseveranza e non arrendersi alle tentazioni di odio. Ricorda, stai tutto ciò serve per vivere in modo migliore; stai facendo del bene unicamente a te stesso, non dimenticarlo.

Quando accade qualcosa di doloroso, è facile convincersi di non essere responsabili di nulla. Ma, se siamo onesti, capiremmo che nessuno di noi può esimersi completamente dalla colpa. Forse non siamo direttamente responsabili dell'evento X. Ma possiamo dire lo stesso della situazione Z? Quindi, se tali eventi sono in qualche modo connessi, non abbiamo anche noi una parte della colpa? La linea di demarcazione fra vittima e carnefice è molto sottile. Forse siamo entrambe le cose, e per questo motivo, dobbiamo sempre cercare la strada verso il perdono. Non è un percorso facile, ma è qualcosa che possiamo apprendere. Più lo esercitiamo nelle cose triviali, più facile ci sarà utilizzarlo negli eventi della vita, provare per credere. Sono sicuro che facendo questo ti senirai meglio a riguardo di tutto ciò che compone la tua esistenza, e ti troverai ad amare te stesso ancora di più.

CAPITOLO 15

IMPARA COME AFFRONTARE I FALLIMENTI E LE TUE PAURE PER TRASFORMALI IN QUALCOSA DI POSITIVO

I fallimenti ci possono insegnare molto. In realtà, gli errori dovrebbero essere visti come un modo per imparare nuove importanti lezioni. Non dobbiamo sforzarci di evitarli; quando arriveranno (è inevitabile, dopotutto) bisogna accettarli e provare ad apprendere qualcosa. Se sei terrorizzato dal fare errori o dai fallimenti non potrai buttarti in nuovi progetti o prendere iniziative per il futuro. La storia dell'umanità è piena di personaggi che hanno provato a battere nuove strade, hanno affrontato dei fallimenti, e infine hanno scoperto o inventato qualcosa che li ha coperti di gloria. Il progresso dell'intero genere umano è possibile solo perchè esistono persone che non temono gli errori ed i fallimenti.

Ci è stato insegnato di non commettere sbagli; è imperativo, può significare la fine per noi. Questo tipo di mentalità uccide il nostro spirito di innovazione. La colpa può essere imputata al nostro sistema educativo, che ci punisce per ogni sbaglio, considerandoli dei veri e propri taboo. Bisognerebbe, invece, incoraggiare i bambini a scoprire ed inventare, senza legarli a stretti dogmi, ed e essere più tolleranti e aperti verso i fallimenti.

Di solito, vediamo il mondo come riflesso di quello che siamo; i nostri pensieri sulla vita dipendono dall'educazione ricevuta, dalla famiglia, dalle esperienze, dai nostri stessi geni.

Non possiamo di certo cambiare i fatti, ma possiamo cambiare il modo in cui li percepiamo.

La definizione di illusione parla di un modo erroneo in cui percepiamo la realtà, ma a volte la realtà stessa è un'illusione. Dobbiamo cambiare il nostro modo di pensare alla vita, arrivando a pensare alla nostra esistenza in maniera più ottimistica. Tutte le esperienza possono essere interpretate, quindi bisogna cambiare la visione da negativa a positiva. Spesso non facciamo progressi nel nostro percorso, perchè non ci sforziamo di uscire dal solito modo di vedere le cose, non prendendo in considerazione l'ipotesi che possa essere fallace e controproducente. Per questo motivo è vitale coltivare una diversa attitudine.

Alcune ricerche scentifiche hanno dimostrato che se un insegnante mostra un atteggiamento costruttiva verso gli studenti che commettono errori, allora questi ultimi avranno maggiori possibilità di sviluppare una mentalità positiva. Gli stessi studi dimostrano che se invece succede il contrario, con gli insegnanti a punire gli studenti per ogni errore, allora questi ultimi non riusciranno a migliorare. Questo accade perchè invece di imparare cose nuove, ci si concentra unicamente sul non commettere sbagli. Ovviamente, questo modo di vivere, sul lungo termine, non può condurre a nessun tipo di grandezza o soddisfazione.

Commettere errori è più che naturale quando ci si impegna in un qualsiasi ambito della vita. Accettato questo, è essenziale concentrarsi sui progressi raggiunti, piuttosto che sugli sbagli commessi. In ogni caso, nonostante ogni possibile precauzione, prima o poi incapperemo nella delusione e nel fallimento.Può riguardare una relazione, la carriera lavorativa, un'amicizia, ecc... La cosa importante da ricordare in tali situazioni è quella di andare avanti, senza arrendersi se si sta perseguendo un obbiettivo. Cambiare direzione è un'opzione più che percorribile. Se stai sperimentando delusione e frustrazione a causa di un fallimento, usa queste tecniche per aiutarti.

1) *Non c'è niente di male nell'essere dispiaciuti, ma una volta metabolizzata la cosa, concentrati su te stesso.* La tristezza e demotivazione sono sentimenti comprensibili, ma concedi loro solo un giorno. Non vuoi rimanere troppo a lungo in quello stato, poichè ti nega le possibilità di iniziare con nuovo piglio e migliorare la tua vita. Solo perchè hai fallito in uno specifico campo, non vuol dire che hai fallito in tutto quanto. Questa distinzione è fondamentale. Fallisci oggi, vinci domani; c'è sempre un'altra possibilità, e tu puoi coglierla. Dopo aver pianto e aver ceduto alla tristezza, è il momento di rimettersi in gioco.

2) *Rivisita i tuoi errori.* E' vitale esaminare come si è svolto l'intero scenario. Avresti dovuto agire diversamente? Devi

essere brutalmente onesto con te stesso, e capire se in effetti hai commesso degli sbagli. Devi apprendere più che puoi dall'esperienza appena trascorsa per evitare di commettere altri errori simili. Ci sono molte fonti da cui attingere per imparare qualcosa di nuovo e comportarti diversamente in future, analoghe, situazioni.

3) ***Ritorna al punto di partenza***. E' il momento di un nuovo inizio, ora che hai capito come si sono svolte le cose. Questa volta incorporerai quello che hai imparato, o troverai un diverso approccio che funzioni meglio. Scopri come rafforzare le tue debolezze e preparati a ripartire.

4) ***Agisci***. Non esitare solo perchè hai paura di fallire di nuovo. Pensa che in condizioni normali, le tue possibilità di successo si aggirano sul 50%. Tuttavia, se non fai nulla, allora caleranno inevitabilmente allo 0. E' semplice matematica. Lasciati ispirare da persone come Thomas Edison, il famoso inventore. Ha fallito innumerevoli volte, ma ogni fallimento è stato un passo che lo ha avvicinato al successo.

Immagina di imparare come affrontare la paura e come interpretare il ruolo da protagonista nella tua vita, trasformando la tua mente in uno strumento nuovo e vincente. Le opportunità per arrivare a ciò sono tutto intorno a noi, e sono rappresentate dalla nostra capacità di interpretare la realtà, piuttosto che dalla realtà stessa. Puoi arrivare a qualcunque risultato, se inizia a vedere le cose in modo diverso. Ricostruire un rapporto deteriorato, perdere peso, sviluppare un diverso approccio finanziario, o acquisire una nuova e più salda fiducia nella tua persona. Per superare la paura del successo, bisogna evitare le negatività che ci conducono unicamente a preoccuparci del fallimento, piuttosto che sulla strada luminosa che si dirama dinnanzi a noi.

Vivi nella maniera che preferisci

Vivere ai termini di qualcun'altro può essere un abisso senza fine, che ci fa affogare nella disperazione. Superare la paura del successo significa avere fiducia in se stessi, cosa che porta a rompere le barriere che ci impedivano di migliorare. Stare seduti in panchina, nel gioco della vita, significa essere relegati al ruolo di spettatore nello spettacolo della nostra stessa esistenza. Credi di poter raggiungere un qualsiasi obbiettivo senza vivere al 100% la tua esistenza? Se desideri ottenere qualcosa, allora devi necessariamente superare i tuoi timori e smettere di autosabotare il tuo successo sminuendoti continuamente. L'autocommiserazione frustra la tua motivazione e ti appesantisce con un bagaglio di paure e ansie. Ci sono 4 modi per liberarti della paura del successo:

1. Credi fortemente in quello che stai facendo. Questo ti motiverà a togliere tutti i "dovrei" e "potrei" dal tuo vocabolario, lasciando soltanto i "devo".

2. Metti il 100% in tutto ciò che fai. Smetti di darti un motivo di prendertela con te stesso per non essere arrivato a ciò che desideravi. Se dai sempre tutto quanto, non potrai avere rimpianti e ti sentirai estremamente bene. Devi imparare a credere in te stesso, comuqnue vadano le cose!

3. Ripeti costantemente a te stesso che gli ostavoli sono unicamente una distrazione dal tuo obbiettivo. Rimuovi i pensieri negativi e concentrati su quello che stai cercando di raggiungere, il resto verrà da sé.

4. Sforzati di vedere te stesso in un percorso in continua evoluzione. Sentiti e pensa come se fossi un ammasso di energia, qualcosa in continuo movimento, una persona colma di produttività. Ricordati che le tue convinzioni condizionano ciò che senti e come agisci.

CAPITOLO 16

COME INCALANARE LE ENERGIE IN MODO CREATIVO ED EFFICIENTE PER MIGLIORARE LA TUA VITA QUOTIDIANA

Negli ultimi tempi, il movimento globale per la salvaguardia dell'ambiente e per il risparmio energetico si è fatto molto importante. Molti stati, governi e enti ufficiali stanno prendendo posizione per "salvare il mondo". Il nostro corpo ci può insegnare a perseguire uno stile di vita sano allo stesso modo. L'adeguata conservazione e concentrazione delle nostre energie ci aiuta a sviluppare e attrarre il benessere. Ognuno di noi possiede la propria riserva energetica, esattamente come ogni macchinario che funziona correttamente. Alla stessa maniera le nostre energie vengono rilasciate e consumate ogni giorno, mentre viviamo.

Il segreto dell'utilizzo di questa fonte energetica, tuttavia, è conservarla nel modo giusto ed utilizzarla con saggezza per ottenere il maggiore beneficio. Spesso sprechiamo le nostre forze in situazioni, atteggiamenti, concetti, e in rapporti con persone che succhiano le nostre riserve, facendocele sprecare. Questo, ovviamente, limita la nostra capacità di generare benessere. Considerate queste premesse, è essenziale poter disporre delle nostre energie nella maniera più corretta. Possiamo limitare il nostro interesse verso cose e situazioni non necessarie, concentrandoci invece su componenti essenziali per il nostro futuro ed i nostri obbiettivi. Ci sono metodi per gestire le nostre risorse; possiamo massimizzare le energie con la giusta pratica. Quando arriviamo a comprendere quale sia il nostro obbiettivo, iniziamo ad insistere con tutte le nostre forze per poterlo ottenere. Affrontiamo sfide, difficoltà, produciamo impegno e sacrificio; inutile dire che tutto questo è molto dispendioso a livello fisico e mentale. Tendiamo a seguire un "comando interno" che ci spinge a delle azioni inevitabili, quasi forzate. Talia zioni sono facilmente riconoscibili, perchè le possiamo identificare come forza di volontà, testardaggine, ecc... Scegliendo di fermare questi impulsi, possiamo risparmiare molte energie, lasciando che il naturale corso degli eventi prenda il sopravvento. Prova a "ripulire" un'area della tua vita; questo spazio vuoto rappresenta una purificazione, una rigenerazione delle energie universali. Puoi fare questa scelta scientemente, influenzando in modo positivo la tua riserva energetica. Questo produrrà una serie di reazioni che permetteranno alla tua vita di cambiare; lasciandoli naturalmente accadere, si otterranno più benefici rispetto alla ricerca costante e alla "forzatura" degli eventi.

Evita i vampiri energetici

Alcune persone o situazioni possono risucchiare le nostre energie molto più di altre. Il modo più semplice per risolvere questo problema è tenerli a distanza dalla nostra vita. Lo sviluppo di barriere virtuali per proteggere le nostre risorse è un modo alternativo per affrontare situazioni dalle quali non possiamo sfuggire (membri della famiglia, colleghi di lavoro, ecc..). La chiave in tali rapporti è non lasciarsi ferire. Riduci il tempo che trascorri a guardare la tv, risparmia le energie, anche se l'alternativa è stare seduto a fare niente. Diventiamo improduttivi quando ci limitiamo a ricevere informazioni in modo passivo; non potendo avere un'interazione completa, non possiamo essere pienamente coinvolti in quello che facciamo. Questo non vuol dire che bisogna per sempre rinunciare alla televisione , ma semplicemente ridurre il tempo che dedichiamo ad essa. Allo stesso modo, osservare un notiziario pieno di notizie negative e agitanti può generare molto stress. Evitare questo "risucchio energetico" promuoverà lo sviluppo di un pensiero positivo e un aumento delle energie in generale. Riscoprendo il lusso del silenzio, potrai chiarire i pensieri nella tua mente, fermando tutto quello che non è necessario, per promuovere il tuo rilassamento. La creatività non può germogliare in una mente confusa e caotica; per poterla ottenere serve un ambiente consono alla tranquillità e all'ispirazione. Raggiungere anche solo un pò di pace grazie ad un nuovo approccio alla vita può aumentare di molto la qualità della stessa.

CAPITOLO 17

IL POTERE CURATIVO DEL PENSIERO POSITIVO

Riesci a ricordare l'ultima volta che sei stato malato? Sono sicuro che sia stato tutt'altro che piacevole. Quel che è peggio, mentre accusi un malanno, grosso o piccolo che sia, è che inizi a soccombere al pensiero negativo sulla tua situazione, mentre osservi i tuoi sintomi peggiorare. Ti concentri sulla tua condizione. Questo di solito accade quando lasciamo che i nostri pensieri di focalizzino sulle cose sbagliate. Ora, prova a ricordare quando qualcuno che ami si è preso cura di te, assicurandosi che guarissi il più in fretta possibile. In quel caso ti sei concentrato su un futuro sano, migliore, e hai dismesso ogni possibile negatività. Il pensiero positivo non è un medicinale miracoloso; non è una pillola magica che istantaneamente elimina qualunque male. Eppure, utilizzandolo, puoi stare meglio in un istante. Lo stesso principio è utilizzato nell'effetto placebo dei medicinali; quando la tua mente è fermamente convinta di ricevere un beneficio, farà in modo di ottenere un risultato positivo. Questo è il potere della positività, la convinzione di poter migliorare, e questa capacità, unita ai risultati veri e tangibili della medicina, otterrà sicuramente un esito favorevole. Dopo vari test, sono stati eseguiti degli studi sul potere curativo del pensiero positivo. Molti di questi hanno dimostrato che utilizzandolo, si può accellerare il percorso curativo di un paziente. E' stato mostrato un aumento nelle capacità di combattere una malattia, che, al contrario, prolifera maggiormente in un sistema immunitario debilitato dallo stress. E' palese che avere una mente positiva può quindi aiutare anche nell'ambito medico. Ecco qualche consiglio per aumentare la positività:

1. Promuovi il benessere, e lascia fluire le emozioni più positive. Usa immagini mentali che ti facciano felice (creati un posto felice dove andare); cerca un senso di felicità, forza e sicurezza.

2. Frequenta persone con una mentelità positiva, e con comportamenti virtuosi. Tali comportamenti e attitudini possono essere contagiose in una maniera giusta. Allo stesso modo frequentare le persone sbagliate, con atteggiametni negativi, influenzerà la tua mente. Ricorda che sari sempre influenzato dalle situazioni e dalle persone che frequenterai, quindi scegli con attenzione.

3. Credi in quello dici, agisci nel modo giusto, pensa positivo e credi in qualcosa di forte. Usa le affermazioni positive, ascolta musica che promuova la creatività, e acquisisci un atteggiamento propositivo, non solo quando parli, ma anche quando "credi". Parole come "posso" o "non posso" sono potenti strumenti motivazionali, quindi stai attento a quelle

che decidi di utilizzare. La creazione di una mentalità positiva è una delle chiavi per un benessere continuativo. Non è semplice, specialmente in situazioni avverse, ma è possibile, sempre.

Una visione più positiva della vita ti dona forza e guida verso la strada giusta, anche se le situazioni che ti circondano sono lontane da quelle nelle quali vorresti trovarti. E' l'atteggiamento migliore, e puoi aspettarti dei buoni risultati sul lungo periodo, anche se all'inizio sono unicamente nei tuoi desideri. Ovviamente, seppure in un processo di auto-guarigione attraverso la positività, se non ti senti bene, consultare un medico è sempre la cosa giusta. Non smettere di prendere medicinali o seguire le terepie che stai usando; usale in combinazione con il pensiero positivo, visto che una cosa non esclude l'altra. Ricorda che arrenderti alla negatività non farà altro che peggiorare le cose, in qualsiasi contesto. Tuttavia, se perseveri e ti concentri sulla positività e sulla bontà delle cure, le tue chance di guarigione aumenteranno drasticamente. Le tue idee, la tua mente e la tua forza vitale hanno un potere incredibile, non sottovalutarlo mai.

CAPITOLO 18

COME INCREMENTARE L'EFFICACIA DEL PENSIERO POSITIVO

Una mentalità positiva rappresenta un modo di vivere che ci aiuta a vedere tutto diversamente, arrivando ad essere più produttivi e spronandoci a migliorare noi stessi. Ecco alcuni consigli per migliorare il tuo ottimismo e vedere la vita con maggiore positività:

1. *Il dialogo interiore positivo*: Un dialogo interiore positivo può aiutarti a modificare il tuo modo di pensare e vedere le cose. Esso può gradualmente fermare la negatività, se riempi la mente con pensieri e messaggi positivi. Pensa alla parola "stop" e ferma immediatamente tutto il flusso mentale se senti che stai andando verso la deriva del pessimismo e della negatività, per tornare ad una visione più consona e ottimistica. Può essere utile darlo ad alta voce, in modo da essere più consapevole di quanto spesso i pensieri negativi attraversano la tua mente ogni giorno.

2. *Cambia la concezione dei tuoi limiti*: Ti rifiuti di

migliorare quando affermi di non potere o non essere in grado di fare qualcosa. Ricorda che i limiti autoimposti non possono portare nulla di buono. Ogni volta che senti una mancanza di fiducia in quello che puoi fare, trasforma il "non posso" in "perchè non posso?" Inizia a ripeterti che puoi riuscire in ciò che fai, e scoprirai una enorme differenza nel tuo percorso mentale, che ti porterà a grosse soddisfazioni.

3. *Rimpiazza la negatività*: Una delle tecniche più semplici per sviluppare il pensiero positivo è quella di rimpiazzare la negatività con qualcosa di costruttivo. Se sei circondato da persone negative, ed inizi ad essere influenzato dai loro influssi senza accorgertene, finirai per accettare la condizione gradualmente, fino ad abituarti ad essa. Limita il tuo tempo con le persone che non promuovono nulla di positivo e che non ti incoraggiano in nessun modo. Circondati invece con menti produttive e colme di positività, in modod da essere ispirato nell'affrontare i problemi e gli ostacoli della vita senza paura.

4. *Concentrati sul presente*: Sicuramente, almeno una volta nella vita, ti sarai interrogato su quanto fatto in passato, chiedendoti se ci fosse il modo di cambiare gli eventi trascorsi. Ebbene, no, non si possono modificare o alterare cose che sono già successe. Tuttavia, puoi controllare il tuo futuro. Imparando dagli errori passati puoi influenzare gli eventi, assicurandoti di non commettere più gli stessi sbagli. Questo modo di

pensare ti aiuterà a costruire un futuro migliore. Sii grato per tutto quello che hai in questo momento; un pizzico di gratitudine e felicità allegiriranno la tua pische, rendendoti più facile fronteggiare i problemi della vita.

5. *Ricorda i momenti felici*: Lo stress può essere sconfitto facilmente se sei in grado di ricordare i tuoi momenti più felici. Dopotutto, ogni persona affronta momenti belli e momenti brutti, quindi ricordati che è normale avere alti e bassi nella vita. Crea l'abitudine di ricordare bei momenti anche nelle situazioni più complicate, e tutto sembrerà più semplice.

6. *Leggi e guarda dei film*. Quando si tente a concentrarsi sulle situazioni negative, si finisce col sentirti soli. Eppure, leggendo un libro o guardando un film ispiratore, ti accorgerai che tutti, nel mondo, hanno dovuto affrontare problemi su problemi prima di riuscire nei loro intenti. Leggendo o guardando prodotti biografici potrai costruire una mentalità migliore e dei pensieri carichi di positività.

7. *Medita.* La meditazione è un eccellente modo per migliorare il pensiero positivo e la chiarezza mentale. Ti consente di collegarti con il tuo io interiore e purifica la tua mente liberandola dalla negatività. Buddha ha detto "La mente è tutto. Quando pensi, diventi tutto." Puoi controllare ogni evento nella vita se cambi il tuo modo di pensare.

CAPITOLO 19

STRATEGIE PER TRASFORMARE LA TUA VITA IN UN INSIEME DI ENERGIE POSITIVE

A volte, quando approcciamo a nuovi metodi per raggiungere la felicità, tendiamo a pensare che siano "troppo semplici". Questa credenza deriva dal fatto che siamo abituati a pensare che è impossibile ottenere qualcosa di così importante senza metodi incredibilmente complicati. Tuttavia, come per molte cose nella vita, la soluzione più semplice è spesso la migliore. Sono sicuro che molti non vedono il concetto di pensiero positivo come un modo per migliorare la felicità, la salute e le prospettive per il futuro. Alcuni affermeranno il contrario, dicendo di crederci con forza, almeno fino a quando le cose vanno bene. Quando invece il mondo di presenta il conto, spingendoci a terra, potrebbe non essere così facile rimanere ancorati ad una mentalità positiva. Tuttavia, è essenziale fare una cosa, ovvero ricordare che i concetti e le convinzioni vanno a definire le nostre azioni. Ecco perchè è così importante cercare di controllare i propri pensieri, lasciandoci guidare da essi verso quello a cui aspiriamo. Se sei pronto ad intraprendere il percorso verso la crescita personale e la felciità, eccoti qualche strategia che potrebbe aiutarti. Dai un'occhiata.

1) Sorridi.

Alcune giorni sono stupendi, mentre altri sembrano terribili, è una verità piuttosto ovvia. Il modo in cui reagisci alle cose è legato alle tue emozioni, e questa è una cosa meno ovvia. Se ti concentri sui problemi, ne creerai inevitabilmente degli altri. Se ti concentri sulle opportunità, invece, iniziarei ad apprezzare maggiormente quello che ti circonda. Detto questo, puoi fare una cosa concreta per migliorare il tuo umore; sorridere. Quando incontri qualcuno, regalagli il tuo sorriso più grande e sincero. C'è una ragione per la quale si afferma che un sorriso genuino è contagioso; nessuno può resistere a questo gesto. Non hai bisogno di niente e nessuno, solo di te stesso. Provaci subito. Siediti e dipingiti un GROSSO sorriso sul volto. Puoi sentire la differenza dentro di te? Sorridere solleva lo spirito e ti regala nuove energie.

2)Prenditi una pausa e sentiti grato.

Quando le cose si fanno difficili, prenditi qualche minuto e fermati a pensare a tre cose per le quali sei riconoscente. Da cose più "grandi" come la famiglia o il partner, a cose più immediate, come il sole fuori dalla finestra, o il rumore del vento nell'erba in una passeggiata in campagna. Praticare quest'esercizio di gratitudine può aiutarti a stare meglio con te stesso e con la vita che ti circonda.

3) Utilizza il potere dei tuoi pensieri.

Se sei intenzionato a cambiare la vita, il primo passo da fare è affidarsi ai tuoi pensieri positivi. Eppure, puoi anche imparare da quelli negativi, se stai cercando di produrre qualcosa di grosso per te, o per la tua carriera lavorativa. Prima di tutto è essenziale ricordare che ignorare le idee negative non le farà sparire come per magia. Prova quindi ad ascoltare il tuo dialogo interno negativo, per provare a capire se c'è qualcosa da imparare. Quindi interiorizza, rifletti, e dai al tutto un cambiamento deciso verso la positività. Se le cose non vanno per il verso giusto, prova a fermarti e chiediti se c'è qualcosa che non hai considerato. Per esempio, mettiamo caso che una persona non ti piaccia. Piuttosto che comportarti in maniera ostile, analizza la situazione e scopri se dietro a questo sentimento ci sono delle problematiche o delle paure. Imparerai sicuramente qualcosa, e invece di cedere alla negatività hai ampliato la tua visione delle cose.

4) Rendi le affermazioni una parte della tua vita.

Se la nostra vita è carica di stress, tendiamo a pensare ed agire con maggiore frequenza, finendo per commettere errori e creando abitudini negative. Quindi, come possiamo creare una routine virtuosa che non ci danneggi? La risposta sono le affermazioni positive.

Pensa ai tuoi obbiettivi nella vita, e considera le abilità che ti serviranno per ottenerli. Se il tuo sogno è un lavoro migliore che ti consenta di guadagnare di più, di cosa avrai bisogno per ottenerlo? Ora scrivi delle frasi in tal senso, utilizzando il tempo presente. Per esempio sono competente, determinato, fiducioso, ecc... Dopodichè ripeti queste frasi, più volte al giorno, e fallo diventare un'abitudine. Gli effetti positivi, una volta che tali affermazioni sono state interiorizzate dal tuo subconscio, saranno visibili nella vita di tutti i giorni con maggiore sicurezza e tranquillità in ciò che farai.

Utilizza questi consigli e crea delle sane abitudini, in modo da poter seguire i tuoi sogni. Hai il potere per farlo, devi solo utilizzarlo. Perseguendo la gratitudine, frequentando persone positive e concentrandoti sulle giuste cose, potrai incalanare le tue energie per aiutarti a vivere nel modo che desideri.

CAPITOLO 20

QUANDO L'USO DEL PENSIERO POSITIVO E' DELETERIO?

Cosa significa esattamente possedere una mentalità positiva? Vuol dire avere sempre pensieri belli e felici? Come è possibile una cosa del genere? Molte persone provano questo approccio, senza però riuscire. La ragione per la quale non riescono a mantenere la loro "positività" è piuttosto evidente. Ogni giorno ci ritroviamo ad affrontare un'infinità di problemi, e dobbiamo trovar loro una soluzione. Per arrivare alla risposta, però, bisogna prendere il problema in seria considerazione, e questo sembra generare un conflitto all'interno della persona che vorrebbe pensare positivo. Dopotutto non puoi trovare il rimedio a qualcosa senza studiarla a fondo. Quindi, a meno che si riesca a prevenire ogni sorta di problema, bisogna pensare ad essi in modo concreto piuttosto spesso.

Se bisogna guardare ad un problema per trovarne la soluzione, perchè si dovrebbero considerare solo gli aspetti positivi della faccenda? Questo potrebbe derivare dalla tendenza dell'uomo ad un pensiero idealistico. E' interessante provare ad analizzare come questa tendenza può rappresentare sia uno svantaggio che uno svantaggio per i possessori del pensiero positivo. Se usato correttamente, questo mindset ti permette di avanzare nella vita, nonostante le possibili difficoltà; nele circostanza più complicate rappresenta un vantaggio non trascurabile. Un'attitudine positiva consente alle persone creative di prendere iniziative coraggiose e ideare invenzioni, nuovi stili artistici, e innovazioni di qualunque tipo. Per molte persone il lato positivo non viene quasi mai considerato; esse non notano quelle incredibili possibilità che potrebbero portare a dei risultati notevoli.

"Lo spirito delle possibilità" non è sempre facile da trovare. Un esempio potrebbe essere quello della compagnia Enron, che rifiutandosi di prendere in considerazione gli avvertimenti dei suoi informatori è finita col fallire. L'attegiamento di auto-illusione dell'azienda, causato dalla falsa sicurezza di non avere bisogno di consigli, ha generato enormi problemi. Invece di affrontare i problemi, si sono nascosti dietro ad un muro di arroganza e illusioni. Supponiamo di ottenere un pensiero completamente positivo. Una volta superato l'ostacolo o il problema che ci ha spinto in questa direzione, cosa succederebbe se continuassimo a bearci delle sensazioni di pace e tranqillità? Continuare a cercare di nascondere i problemi con pensieri positivi creerebbe solo altri problemi. Niente cambierebbe, a meno che non si affronti la situazione e si cerchino possibili soluzioni.

Il percorso di negazione, nella ricerca estenuante della positività, non è altro che un appiglio contro la disperazione, se usato in maniera cieca. Un soddisfacimento ad un bisogno temporaneo, che però, sul lungo periodo, risulta controproducente. Certo, si potrebbe obbiettare che una "assuefazione" di positività potrebbe generare una mente in grado di creare soluzioni creative ad ogni tipo di problema senza lasciarsi abbattere, ma nella maggioranza dei casi, questa tendenza porta solo ad ignorare il problema, piuttosto che affrontarlo. Quindi, come utilizzare al meglio il proposito di pensare SEMPRE in modo positivo? Idealmente, eliminando la tendenza ad arrendersi, rinunciando ad ogni possibile atteggiamento cinico. In tal modo si andrebbe oltre all'abitudine del pensiero negativo, iniziando a cercare soluzioni percorribili dopo aver ben compreso la situazione.

In realtà molte persone utilizzano questo atteggiamento come un modo per non preoccuparsi dei problemi, nascondendosi dietro alla scusa del "rimanere positivi". Si rifiutano quindi di esaminare la realtà per quello che è, assumento un atteggiamento di vera e propria elusione.

Questa riluttanza ad identificare le proprie azioni attraverso un'analisi seria ed onesta, conduce ad una spirale discendente di impotenza. Alcune correnti di pensiero metafisico sembrano voler contribuire a questa tendenza al negazionismo, con la teroia della risonanza.

Tale teoria, per semplificare, afferma che tutto quanto, nel mondo, funziona attraverso una risonanza, paragondolo a una sorta di diapason. Seguendo questo principio, ne consegue che i pensieri positivi dell'individuo riflettano tutte le forze positive del mondo. Allo stesso modo, una eventuale negatività risuonerebbe con tutte le altre presenti nell'universo.

Come interpretare quindi tale teoria? Seguendone il filo logico, tutto quello che concerne la negatività inzia a sembrare molto grave e potenzialmente totalizzante; ciò finisce col generare una paura irrazionale verso determinati argomenti. Affrontare i problemi, o anche solo valutarli, amplificherebbe la negatività, esacerbando la situazione. Quindi, se affrontando le negatività se ne generasse altra, non sarebbe meglio evitare completamente la situazione? Troppo spesso, queste lezioni di metafisica ci lasciano con una versione moderna della paura dell'antico malocchio. Se tali insegnamenti condividessero una visione più equilibrata del principio della risonanza non ci sarebbe nulla di male, ma di solito questo non avviene. Ci si concentra invece sulle cose da temere e rifiutare, rimanendo ancorati sul principio del "va tutto bene", come unico modo per migliorare la situazione.

Nascondere i problemi sotto il tappeto e la testa sotto la sabbia, quindi.

Ci sono interi gruppi di studenti di metafisica che credono sia sensato partecipare unicamente a dibattiti con connotazioni positive. Essi vedono ogni parola, intenzione o azione, come una competente creativa per un'universo migliore che si va a formare in seguito alle loro azioni. Ovviamente, se questo fosse così facile, chiunque potrebbe utilizzare tale metodo per creare una vita colma di positività e soddisfazioni, senza incappare mai nell'ombra di un problema. In verità, questa tendenza a vivere unicamente nella felicità, porta all'opposto della stessa, in quanto ci si separa gradualmente dalla realtà, allontandosi anche dalle possibilità più utili. Prova a pensare al vecchio detto: Se non puoi dire niente di carino, allora non parlare affatto. Ti sembra una cosa giusta? Oppure suona in modo sbagliato, allo stesso modo di questa cultura della negazione? In questo modo credi che le cose possano migliorare o semplicemente rimangano ferme, esattamente come sono?

Nel mondo degli affari il modo di pensare "sempre positivo" è visto di buon occhio, mentre chi invece va controcorrente, sollevando obiezioni, viene additato come piantagrane o ignorato. Una personalità costruttiva deve essere ben accetta, ma il semplice spirito positivo non può sostituire un approccio diretto ed onesto. La chiarezza, che può portare ad un risultato positivo o negativo, è neutrale, ma a volte la neutralità e la trasparenza vendono erroneamente considerate meno efficaci di un pensiero felice e ottimista. Questa paura del problema è quindi correlata alla condizione auto-accecante di un pensiero positivo errato.

Possiamo definirlo come "pensiero magico", dove ci si convince che solo perchè desideriamo fortemente una cosa, continuando nel frattempo a coltivare l'ottimismo, essa infine arriverà. Bisogna dire che la "via di mezzo", che va al di là del pensiero positivo e quello negativo non è facile da trovare. Eppure si deve considerare che la chiarezza e trasperanza vanno oltre i canoni personali, consendendoci di osservare con calma e neutralità ogni tipo di situazione che ci si presenta. Quando si esamina un problema, quindi, è necessario prendere in esame tutte le possibilità per chiarirne le cause ed avere a disposizione uno scenario completo. Nessuna paura di ritorsioni da parte del karma, nessun timore di vedere qualcosa che non ci potrebbe piace; la verità è neutra e cristallina per sua natura. Se si considerano le opzioni praticabili, è necessario essere in grado di verificarle. Devi essere pronto a considerare le possibilità con chiarezza, in modo da poter capire se esse sono appropriate e percorribili. Cosa succede se si trascura questa "chiarezza neutrale"?

In questo caso, il nostro insieme di visione sarà limitato al "gioco" del pensiero positivo, senza considerare tutto lo spettro di opzioni restante. Ogni idea sembrarà meravigliosa, anche se in realtà sarà cieca e testarda. Allo stesso modo, se si resta imprigionati in una visione negativa, la capacità di valutare opzioni sarà limitata e incapace di considerare alternative. Eppure, la trappola della positività "errata" è molto più subdola.

Essa presuppone che si otterranno buoni risultati se la nostra convinzione e fiducia è abbastanza forte. Ma come ben sappiamo, non tutte le cose nella vita vanno in questo modo; ad essere completamente onesti, quasi nessuna. Allo stesso modo, è errato credere che ogni decisione, presa in un contesto di positività, darà un esito positivo. Anche questo non accadrà. Facendo una rapida analisi di quanto affrontato fino ad ora, il risultato è che dobbiamo rinunciare per sempre al pensiero positivo? Ovviamente no, bisogna solamente rinunciare agli estremismi. Non devi abbandonare le tue convinzioni e i tuoi propositi, solo moderarli. Abbandona l'estremismo del pensiero positivo che ti impedisce di vedere con calma e chiarezza il quadro di insieme delle situazioni. Quindi, qual'è il corretto utilizzo di uno spirito ottimista?

Vedilo come uno strumento per sollevare il tuo spirito quando esso è afflitto dalla negatività e dalla disperazione. Non presumere, invece, che la positività ci dia comprensione su tutto e risposte definitive, perchè non è la verità. Una mentalità costruttiva, utilizzanta correttamente, ci chiarisce le idee, mostrandoci tutte le opzioni percorribili, ma necessita di una chiarezza neutrale per fare progressi in modo efficace.

Devi essere in grado di usare il pensiero positivo con saggezza, nelle giuste situazioni, per evitare di bloccarti. Gli strumenti non sono mai malvagi, di per sé, è il loro corretto utilizzo che fa tutta la differenza. Allo stesso modo, la nostra mente, a seconda del modo in cui la adoperiamo, può essere una valida alleata, o il più subdolo dei nemici.

Meditazione Guidata

Ecco un esercizio che ti permetterà di osservare le tue opzioni con chiarezza, comprensione e calma:

1. Immagina una situazione per la quale provi preoccupazione.

2. Pensa ora a questa situazione come se fosse racchiusa in una bolla di energia. Questo ti consente di stabilizzare i tuoi pensieri e concentrarti su di essa mentre ne prendi le distanze.

3. Ora, con la giusta visione, devi affrontare il problema nella sua interezza. Non fossilizzarti sulle conseguenze, ma cerca di vagliare invece tutte le opzioni a tua

disposizione. Questo è l'approccio migliore che tu possa fare.

4. Metti da parte per un secondo ogni tipo di interpretazione personale (non lasciarti andare né all'ottimismo né al pessimismo), ma guarda la situazione con distaccata neutralità. Immagina di avere un paio di occhiali a raggi X, in modo da poter guardare ogni piccolo dettaglio senza farti sfuggire nulla.

5. Ricerca adesso delle soluzioni neutrali al problema. Non devi necessariamente essere d'accordo con quanto ideato, limitati a scriverlo su carta. Le scelte più ovvie arrivano dal buon senso; chiunque può arrivarci. Considerale, ma non allinearti ancora con esse.

6. Prendi ora in considerazione le possibilità più creative. Scrivile senza timore, anche se possono sembrare strane, improbabili e fuori dal comune. Ancora una volta, non devi essere d'accordo, limitati ad elencarle.

7. E' arrivato il momento di analizzare quanto scritto. Prendi le distanze, immagina di tenere tutte le alternative sotto ad una campana di vetro, in modo da non innamorarti di nessuna di esse. Prendi in considerazione tutto, dalle idee più normali a quelle più bizzarre; fai un'elenco di pensieri e considerazioni.

8. Guarda a quanto scritto fino ad ora. Ancora una volta, ricordati di essere neutrale; se qualsiasi delle opzioni scritte pare inappropriata, cancellala senza rimorso.

9. Considera strade alternative, che fino a questo momento

non hai esaminato. Sebbene tu debba essere neutrale, le tue idee sono creative. Impara a capire quali delle opzioni ideate è attualmente percorribile; cerca di capire se alcune idee possono essere combinate.

10. Nei giorni seguenti, studia le possibilità più ragionevoli, quelle che ti possono essere di maggiore aiuto e quelle più percorribili.

11. Se ti sembra di incappare in qualche dubbio, ricordati di utilizzare il tuo sguardo neutrale per dissiparlo. Inoltre, se ti senti bloccato, ricorda anche che c'è sempre una possibilità.

12. Nonostante lo abbia già detto, non mi stancherò mai di ripeterlo. Ricorda di essere neutrale! Questo perchè hai bisogno di avere una comprensione chiara di quello che succede per fare dei passi in avanti verso la soluzione.

Chiarezza e neutralità

Possiamo paragonare la chiarezza alla lente di un microsopio o a quella di un telescopio; essa ci consente di vedere la bellezza del cielo, o di ingrandire una verità che prima sembrava invisibile. La neutralità ci consente di essere perfettamente presenti a noi stessi. Nelle antiche culture si parla spesso di "svegliarsi" e vedere il mondo con occhi diversi, ora puoi capire che tale consiglio si sposa perfettamente con il principio della chiarezza.

Ovviamente, arrivati a questo punto, è logico chiedersi se si può essesere positivi ed avere un pensiero chiaro allo stesso tempo. La risposta è sì; anzi, bisognerebbe ambire a questo status. Per farlo non bisogna però rinunciare alla propria visione neutrale, altrimenti tutto perderebbe di significato. Non c'è nulla di male nell'avere aspettative positive, ma quando questo contrasta con la tua capacità di vedere la realtà con chiarezza si rischia di cadere nel rifiuto della realtà ed in una immaginazione insana. Una volta stabilito che non si può possedere sempre una visione positiva della cose, viene da chiedersi se non esista anche il problema opposto, ovvero quello della troppa negatività. La risposta è affermativa, ancora una volta. Ci sono molte persone che insistono sul fatto che molti problemi non abbiano una soluzione, e che bisogna solo limitarsi a "vivere", perchè tutto è privo di significato.

Non bisogna rimanere invischiati in questa visione delle cose.

In ogni caso, ora che hai una visione più ampia, è importante che tu non veda la positività come un nemico. E' normale sentire un pizzico di frustrazione se ci si era convinti che il pensiero positivo fosse una rispsota ad ogni possibile problema. D'altra parte, devi prendere coscienza dei mezzi che possiedi per essere bilanciato, intelligente e sensibile in relazione ad ogni situazione. Curiosamente, il mondo della mentalità positiva e di quella negativa è comparabile, se portata all'eccesso. In tutti e due i casi, si vive in un mondo fatto di estremi e senza compromessi; pieno di negatività, cinismo e frustrazione uno, colmo di cieco ottimismo e irrealistiche convinzioni l'altro. Entrambi i soggetti di questi tipi di mentalità vivono in un mondo a parte, che gli impedisce di arricchire se stessi e vedere le cose con chiarezza. Se esplori ogni scenatio con la giusta dose di positività, ma senza gli occhiali rosa piantati sul volto, avrai accesso a risorse che ti permetteranno di affrontare i problemi in modo creativo e propositivo, migliorando la tua vita. La tua esistenza sarà ricca di bellezza e fascino, ma non perchè sei perso in una illusione nociva, ma perchè ti rendi conto di quanto prezioso e ricco di opportunità sia ogni istante.

CAPITOLO 21

LA FORZA DELLE AFFERMAZIONI

Molte persone generano pensieri negativi quotidianamente, cose che sul lungo andare, crea una forte quantità di energia negativa nelle loro vite. Per semplificare il concetto, diciamo che esistono due lati nella nostra esistenza: positivo e negativo. Se si guarda solo al lato "nero" delle cose, si finirà col pensare costantemente in modo povero e avvilente.

Utilizzando una mentalità negativa e guardando alla vita solo da quel punto di vista, si genererà negatività. Proseguendo per questa strada anche il comportamento e l'umore verranno influenzati da tale energia; se la negatività persiste ogni aspetto della vita andrà ad essere influenzato in modo dannoso, iniziando dal carattera e dalla personalità dell'individuo. In una situazione del genere si inizia a odiare il proprio lavoro, le proprie relazioni, l'ambiente in cui si vive, e per ultima, la propria esistenza nella sua interezza.

Si diventerà infelici con praticamente qualunque cosa, e di conseguenza i sentimenti di goia e soddisfazione saranno ridotti al minimo. Per poter invertire questa pericolosa tendenza mentale ed emotiva, bisogna pensare in modo positivo. E' necessario riprogrammare i propri pensieri per guardare diversamente alle cose. Utilizzando delle affermazioni positive ogni giorno, si può aiutare il processo a prendere il via nella giusta direzione. In questo modo si crea un comportamento e un uomore positivo, che si spera portino a generare una personalità positiva. Una volta che hai iniziato a riconoscere il lato positivo della vita e vedere e pensare con positività, il tuo percorso verso la felicità ha finalmente inizio.

Il problema è che tendiamo a vedere le cose da un punto di vista strettamente personale, senza osservarle in modo oggettivo. Cercare un angolo di visione positivo, ci permette di mettere in atto un cambiamento. Le persone negative, invece, vedono solo il problema, piuttosto che la soluzione; non scorgono altro che le criticità della situazione. In realtà, si può riconoscere il lato negativo soltando se si ha esperienza con entrambe le parti.

Per esempio, se si va in vacanza in un posto meraviglioso e si hanno dieci giorni di divertimento, ma nell'ultimo giorno si incontrano dei problemi, finiremo con l'etichettare quell'ultima giornata come negativa. Eppure bisogna rendersi conto che quella sensazione di delusione deriva dal paragone con gli altri dieci giorni, che erano stati ricchi di gioa e serenità. Una persona negativa è quel tipo di individuo che andando in un ottimo ristorante troverà il cibo e l'atmosfera grandiosi, ma a causa del servizio un pò lento, non riuscirà a godersi la serata. Queste persone riescono a vedere e sentire solo il lato "nero" delle situazioni. Ma da dove si crea questo atteggiamento, e perchè nasce il pensiero negativo?

Per trovare una risposta, bisogna guardare a diverse cause e variabili.

1-*Famiglia*: Quando erano ancora dei bambini, i soggetti hanno visto i loro genitori agire e comportarsi in modo negativo. I bambini dagli uno ai sette anni di età tendono ad assumere il comportamento dei genitori. Inoltre la negatività può derivare anche da altre situazioni dannose, come il comportamento sbagliato di amici e parenti.

2-*Esperienze negative*: Ciò che accade nella nostra vita, specialmente se reiterato, può influenzare il nostro carattere e comportamento. Se una giovane donna, magari già influenzata dal cattivo esempio dei genitori, riece a trovare unicamente relazioni con uomini "sbagliati", finirà inevitabilmente col trovarsi in un matrimonio infelice. Se uno studente incontra insegnati demotivati e svogliati, a casua di un lavoro sottopagato o dalle politiche scolastiche avverse, finirà con l'essere indisciplinato e non sarà in grado di mostrare tutto il proprio potenziale.

3-*Ambiente*: Le condizioni culturali possono giocare un ruolo decisivo. Una nazione sconfitta in guerra, per esempio, crea negatività su larga scala, tutti i cittadini sentono l'impatto della sconfitta.Questo produrrà generazioni di individui affetti da negatività.

4-*Condizioni di vita*: Se si nasce in un luogo molto povero, e le speranze che le cose migliori non sono alte, una percezione negativa si svilupperà in modo inevitabile. Per queste ragioni non è sorprendente che molte persone al mondo soffrano per pensieri e atteggiamenti sbagliati. Se non c'è speranza per il futuro, le persone iniziano ad avere una visione pessimistica della propria esistenza. Inizieranno a pensare in modo misero, a vedere solo il lato peggiore di ogni cosa, e ad avvertire un senso di condanna.

Se questo trend continua per un lungo periodo di tempo, le persone non riusciranno ad utilizzare altro che la negatività in ogni ambito della vita. Molti cercheranno rifugio nell'alcool e nelle droghe come fuga dalla realtà, creando circoli viziosi di miseria e disperazione. Su larga scala, questo potrebbe portare intere nazioni sul piede di guerra, alla ricerca di una vita migliore. In realtà, poche persone capiscono che le risposte non si trovano all'esterno, ma dentro di noi. Questa è una delle lezioni più importanti che tu possa imparare.

Come si può diventare positivi?

Anche nel caso si posseggano dei tratti negativi da diverso tempo, ci si può liberare di essi e trasformarli in positività, ma è un processo che richiede tempo. Non esiste una pillola magica, niente che in un paio di minuti ci possa mostrare le cose in modo diverso. Ci sono strumenti utili e allenamenti mentali, ma dovrai esercitarti per qualche tempo per vederne i risultati.

Il tuo percorso mentale: Questo è il primo passo veramente importante. Devi iniziare a guardare le cose da un diverso punto di vista. Questo significa avere un approccio più obbiettivo ad ogni situazione. Ogni volta che affronti una sfida, prova a fermarti per un attimo e domandati se quello che ti sta accadendo può in qualche modo avere connotazioni utili. Ricorda che il termine "utile" può essere valido anche in un ottica a lungo termine, quindi non essere limitato nelle tue analisi. Le avversità sono le migliori fucine per forgiare un carattere, a volte. Alcuni fallimenti possono mostrarci una mancanza di conoscienza che non sospettavamo di avere, insegnandoci qualcosa di nuovo. Tutti quanti desideriamo il successo, ma un'opportunità mancata potrebbe rivelarsi qualcosa di molto utile. Se continui ad ottenere un risultato negativo da uno specifico comportamento, quello potrebbe essere un segnale per cambiare quel comportamento. Lo stesso discorso si può applicare agli obbiettivi; sei sicuro che quello che persegui sia per te la cosa migliore? Sei sicuro che la persona su cui stai proiettando le tue energie sia quella giusta?

Impariamo dai nostri errori nella maniera più dura, e questo solleva in noi molte domande, che ci conducono, infine, a un approccio più chiaro, a una mappa dai contorni ben definiti.

Indivuando questo mappa, possiamo raggiungere l'obbiettivo desiderato.

Gli eventi sfavorevoli possono reppresentare un sano ritorno alla realtà, e una volta che le nostre idee generate dalla positività, siamo sulla giusta strada. Questo attiverà le leggi dell'attrazione. Se si pensa a qualcosa di positivo con i giusti crismi e gli atteggiamenti consoni, si potrà fare in modo di attrarlo alla nostra vita. E' un ottimo esercizio mentale per osservare le cose che si vogliono cambiare nella propria esistenza. Non importa se sei incappato in situazioni avverse o in incidenti di percorso, tutti incontriamo la negatività, prima o poi. Eppure, la cosa migliore è rimanere positivi. I tuoi pensieri sono la chiave, controllali e conducili alla positività. Se guardi nella direzione sbagliata ti sentirai sempre male, e non riuscirai a muoverti dal pantano della negatività. Se invece rimarrai nel lato positivo della vita, con l'aiuto di una mente logica e concreta, raggiungerai senza dubbio i tuoi obbiettivi.

CAPITOLO 22

CONSIGLI PRATICI PER METTERE IN ATTO IL PENSIERO POSITIVO

Forse potrebbe essere un'affermazione scontata, ma noi, come esseri umani, spendiamo gran parte della vita "all'interno" della nostra mente. Certo, quanto lavoriamo, giochiamo, ci esercitiamo o socializziamo, siamo "spinti" fuori da essa, ma il restante del tempo lo trascorriamo lì. Ovviamente, non tutti i momenti che viviamo all'interno della nostra mente possono essere felici. Prima o poi, inevitabilmente, proveremo rabbia, ansia, preoccupazioni, paura, tristezza, negatività, ecc... Allo stesso modo bisogna ricordare che c'è anche il rovescio della medaglia; pensieri creativi, divertimento, epifanie, soddisfazioni, sono tutte cose positive che possiamo provare dentro di noi. Provando ad immaginarla da un punto di vista prettamente simbolico, possiamo quindi vedere la nostra mente come un terreno coltivabile. Può essere rigoglioso e colorato, oppure brullo e grigio. Come possiamo quindi possedere un terreno fertile e bello? Esattamente come accade in natura, per ottenere risultati, il terreno deve essere coltivato. I punti di partenza, da persona a persona, saranno diversi. Alcuni possederanno già un'ottima base, mentre per altri sarà necessario un pò più di lavoro. Il primo ed il più importante passo sarà però uguale per tutti, ovvero la fiducia. Essa è indispensabile in ogni campo della vita, in special modo in uno così critico ed importante come la nostra mente. Ci sono però molte altre cose che possono aiutarti in questo percorso. Il pensiero positivo è onesto, semplice e chiaro, non nasconde nessun altro significato, non è fisica quantistica, né un'equazione matematica. Non è neppure uno strumento magico, religioso o spirituale. Chiuque può coltivarlo, con la giusta pratica; dopottuto passiamo gran parte del nostro tempo a pensare. Guardando le cose dalla giusta prospettiva, allenare la tua mente potrebbe essere anche una fantastica esperienza.

Il terreno mentale interiore

Gli esseri umani sono creature complesse. Il nostro cervello è composto da innumerevoli sinapsi che svolgono diversi compiti. Più volte svolgiamo una determinata attività, più efficiente e veloce diventa la sinapsi ad essa dedicata. Questo conduce all'abitudine.

Quando rompiamo questo circolo, smettendo di svolgere una determinata azione, la sinapsi svanisce progressivamente, e l'abitudine scompare. L'esercizio, e le attività, sono le cose migliori che possiamo fare per creare nuove abitudini. Tuttavia, nonostante l'impegno profuso e la forza mentale spinta nella direzione del cambiamento, potremmo scoprire che i nostri sforzi non sono sufficienti per produrre un cambiamento o abbandonare un'abitudine che già possediamo. Il lavoro da fare, in questo caso, risulta essere molto più profondo.

Se vuoi pensare nella maniera "giusta", inizia a credere nella forza dei tuoi pensieri.

Prova, per esempio, a concentrarti su un concetto. "Io sto bene". Ripetilo continuamente, fino a farlo tuo a livello inconscio. Esercitati quotidianamente, per sviluppare una nuova sinapsi, riempiendo gli spazi vuoti della tua mente con il pensiero scelto. Oppure, se non riesci/hai bisogno di pensare qualcosa di significativo riguardo a te stesso, concentrati sugli altri. Esempio: "Jim sta bene", "Carrie è una buona amica", ecc... Provaci senza timori o disincanto. Ora, hai sviluppato una nuova sinapsi nel tuo terreno mentale interiore. La renderai più forte continuando ad allenare il pensiero giorno dopo giorno, e così facendo, otterrai risultati più velocemente.

Prova a scrivere un elenco con tutti i buoni pensieri che ti vengono in mente, non importa se ti sembrano adatta alla situazione oppure no. Se li scrivi ora, essi torneranno ad apparirti nelle mente, a un certo punto, e il beneficio sarà comunque raggiunto. Ecco qualche esempio che mi ha aiutato nei momenti più difficili.

Sto bene.
Sono pieno d'amore.
Voglio essere il meglio che posso per il bene della mia
famiglia.
Sono felice di essere in buona salute.

Un pensiero negativo è solo il parto di un modo di pensare negativo; tu non sei quel pensiero. Il tuo comportamento è contaminato dalla negatività, non è qualcosa di definitivo, ma solo un riflesso momentaneo, una brutta abitudine passeggera. Il nostro cervello è incaricato della produzione di sostanza chimiche che ci fanno avvertire emozioni. Se avvertiamo spesso un determinato sentimento è perchè il cervello produce spesso la sostanza che lo provoca e la irrora nel nostro corpo. I recettori presenti in noi daranno una specifica risposta, e in certi casi, richiederanno maggiori quantita di quella sostanza.

In questo modo verrà a crearsi una "dipendenza chimica". E' interessante notare come il 90% di tali recettori siano predisposti a reagire a sostanze legate all'emozione della gioia.

Se vediamo la cosa da questo punto di vista, allora siamo destinati a stare bene, è qualcosa di innato in ognuno di noi. Esattamente come le sinapsi, i recettori possono venere allenati o dissolti. La costruzione di un'abitudine impega un lasso di tempo di più o meno 21 giorni.

Prova a costruirti un piano per questo periodo, utilizzando dei pensieri costruttivi. In alternativa, utilizza questo e vedrai dei risultati:

- Fai qualcosa che ami ogni giorno. E' importante viziarci (dopotutto stiamo parlando del raggiungimento della felicità) e non rimanere imprigionati nella mentalita della "lista delle cose da fare".

- Fai una lista di pensieri che ti siano d'ispirazione ogni mattina. E' un ottimo modo di iniziare la giornata, e ti metterà senz'altro di buon umore.

- Esercitati per almeno un'ora ogni giorno. Questo è uno dei miei consigli preferiti; puoi produrre endorfine che ti faranno stare bene, e al tempo stesso tenerti in forma, in modo da migliorare la tua salute.

- Mangia in modo sano. Siamo quello che mangiamo; una frase molto inflazionata, ma non per questo meno veritiera. Avere un giorno di sgarro, una volta a settimana, va benissimo. Per il resto del tempo, però, rimani fedele a una dieta sana. Se ti senti bene, puoi pensare bene ed agire bene.

- Spendi un pò di tempo per riflettere, meditare, o pregare. E' un buon modo per prenderti uno spazio tutto per te, mentre pensi con calma e ti rilassi dallo stress della giornata appena trascorsa.

- Finisci ognuno dei tuoi giorni stilando una lista delle cose per cui sei grato. Puoi cambiarla in base alle tue caratteristiche, preferenze e credo. Sii creativo.

Alcune abitudine radicate, come l'eccessivo uso di sarcasmo e ciniscmo, possono sabotare il pensiero positivo. Possiamo credere di essere saggi, a crogiolarci in tali atteggiamenti, ma in realtà stiamo rallentando l'ottenimento di una mentalità positiva. Altre persone, invece, sono pessimiste di natura. Nonostante questo, si può trovare un equilibrio per poter comunque apprezzare i propri pensieri; in questo caso un pò di sense of humor può sicuramente dare una mano.

Altre criticità per il positivismo

Possiamo spendere diverso tempo a pensare agli errori degli altri. E' una cosa che succede spesso, ma che ci porta via letteralmente porzioni di vita. Farlo, forse, ci impedisce di pensare ai nostri stessi problemi, ed è un modo di evitare le cose spiacevoli. Tuttavia, non è qualcosa di propedeuitico al pensiero positivo. Criticare ed incolpare gli altri ci tiene ancorati alla situazione attuale e ci impedisce di confrontarci efficacemente sui nostri problemi.

Auto-critica

Pensare troppo ai nostri problemi ed ai nostri difetti può diventare deleterio. Tornando al principio delle sinapsi e alle sostanza chimiche che immettiamo nel nostro corpo, c'è il rischio di far diventare l'auto-critica una demprimente abitudine.

Inizia a scoprire il buono in te stesso e ne gli altri.

La maggioranza delle persone vive nel mondo, o nel luogo che chiamano realtà, senza un briciolo di fede. Fede nelle proprie capacità, fiducia nel prossimo, fiducia verso il futuro; chiamatela come volete. Eppure, da bambini, ne siamo così ricchi, ma la perdiamo crescendo, insieme all'innocenza. Le esperienza negative possono farci dubitare degli altri e anche di noi stessi; ecco dove la fede diventa essenziale per evitare di essere assaliti dai dubbi, che sul lungo epriodo, ci priveranno della positività.

Colpa

Molti di noi tendono ad incompare gli altri per ogni situazione; questo è un modo eccellente per evitare di affrontare i propri problemi. L'utilizzo costante di questo modus vivendi, però, impedisce la nascita di ogni pensiero positivo, come una nuvola nera che oscura l'azzurro del cielo. Ovviamente, tutto questo ci impedisce anche di evolvere, rischiando di lasciarci stagnare in questo auto-inganno per anni ed anni.

Vergogna

A volte puoi vergonarti, oppure sentirti in colpa per i tuoi pensieri positivi. E' come se non li meritassi, oppure ti senti un ingenuo per questo tuo modo di pensare. Un pizzico di colpa o vergogna può essere un buon catalizzatore per il cambiamento; tuttavia, non commettere l'errore di attaccarti a queste emozioni, trasformandole in abitudini. Non prendere tutto così sul serio e lasciati andare, non hai ragione per vergognarti o sentirti in colpa. Tu sei semplicemente te stesso.

Ecco ora otto pratiche per promuovere la positività.

1. *Un bellissimo inizio*: Inizia la tua giornata con pensieri positivi e con la partica della gratitudine. Ricorda, chi ben inizia, è a metà dell'opera.

2. *Affermazioni*: Ogni tanto, tutti hanno bisogno di una dose di incoraggiamento. Questo potrebbe veramente fare la differenza se stai cercando di implementare il tuo pensiero positivo, oppure se in un particolare momento sei felie e vuoi "catturare" questa sensazione per farla crescere dentro di te. Fai una lista di affermazioni positive pensando a te, ai tuoi famigliari e a tutte le persone con cui interagisci. Fai inoltre una lista di tutte le cose, nell'universo, che danno forza alle tue convinzioni.

Sono amato, faccia sompre del mio meglio, ogni cosa è meravigliosa, non ci sono grossi problemi nella via vita, ecc...

Fai una lista di quello che ami.

Amo la vita, amo le persone, amo la mia famiglia, i miei amici, ecc...

Fai una lista delle cose che ti piacciono.

Mi piace uscire con gli amici, mi piace camminare in campagna, mi piace giocare con i miei figli, ecc...

Ora stila una lista che traduca tutte queste cose in affermazioni che rispecchino chi sei e ciò che ti fa stare bene. Questo sono le cose in cui credi, e puoi "programmare" il tuo cervello per iniziare a pensare in modo positivo collegando le tue affermazoni ai pensieri.

3. *Disciplina*: "Il lusso del pensiero negativo non è sostenibile." Visto che i pensieri sono abitudini, puoi generare un effetto a valanga che travolgerà di negatività tutta la tua impostazione mentale. Fortunatamente, puoi eliminare questi pensieri se capisci che tipo di idee li generino, sostituendole con peniseri più positivi e ottimistici. Devi dire a te stesso che ti senti forte, che credi in quello che stai facendo, e che ti

meriti di stare bene. Non sempre tutto andrà come sperato, ma se rimani fedele ai tuoi propositi, dando tutto te stesso, otterrai dei risultati. C'è una vecchia storia indiana molto indicata per la situazione; parla di un nonno che racconta al nipote come, dentro ognuno di noi, ci sia un combattimento fra due lupi. Uno è spaventato, arrabbiato e colmo di odio, mentre l'altro è gentile, calmo e pieno d'amore. "Quale dei due vincerà?" chiede il nipote, e il vecchio saggio risponde "Quello che tu deciderai di alimentare."

4. *Preghiera*: Non puoi essere troppo negativo mentre parli con il creatore dell'universo (o con qualsiasi altra entità in cui credi). Queste pratiche tendono a mostrare il meglio di noi; in questo modo, prima o poi, degli stati mentali positivi arriveranno in risposta all'abitudine della preghiera.

5. *Meditazione*: Dobbiamo guardare ai nostri pensieri, stando seduti in pace e limitandoci a respirare per 5/15 minuti, senza mai giudicarli. E' come se fossimo all'esterno delle nostre coscienze, una terza parte che sta cercando di capire il funzionamento di qualcosa.

6. *Fare quello che amiamo*: Fare quello che ci piace ci farà senza dubbio felici, e quando questo avviene, i nostri pensieri saranno colmi di positività. Se è possibile, scegli un lavoro che rispecchi quello che ami. Se non è possibile, spendi un'ora la giorno (idealmente la prima della tua giornata) a fare quello che ti piace. Scoprirai che in questo modo è molto più facile pensare in modo positivo, e ci arriverai in maniera quasi automatica.

7. *Concentrati*: E' molto più semplice apprezzare qualcosa quando ci concentriamo su di essa. Quindi, qualunque cosa tu faccia nella vita, affrontala senza timore e con tutta la tua attenzione. La positività arriverà come logica conseguenza.

8. *Fede*: Dopo aver provato molte cose nella vita, mi sono reso conto che quello che mancava dentro di me era la fede. Ho realizzato di aver smesso di averla, anche se non ricordo il momento preciso in cui era successo. Ovviamente non sto parlando di qualcosa di religioso, o non solo per lo meno, ma di qualcosa di totalizzante, che influisce su tutto quello che facciamo. Ero talmente assorbito dai miei affari e dalle preoccupazioni da sacrificare gli affetti e la mia stessa salute senza neppure rendermene conto. Durante un momento particolarmente difficile ho realizzato che non avevo più un briciolo di fede dentro di me, e quell'epifania, da sola, è stata sufficiente per riaccendere la scintilla. Non c'è nulla di cui aver paura, ognuno di noi è amato, e può affrontare ogni situazione. Siamo parte di un disegno, di un equilibrio, nel quale il bene di ogni individuo è preso in considerazione.

Se crediamo fortemente in tali concentti, possiamo generare positività. A discapito delle credenze personali, ognuno di noi può avere accesso al concetto di fede. Si tratta solo di credere in se stessi, negli altri, oppure in una forza più grande. Così facendo possiamo chiedere e offire aiuto, il mondo sarà dalla nostra parte e molte porte si apriranno. Si tratta solo di avere fede e di portare avanti le proprie convinzioni, tutto il resto verrà da sé.

CAPITOLO 23

PERCHE' IL PENSIERO POSITIVO NON E' INFALLIBILE?

La vita ci insegna che il pensiero positivo è giusto e che dovremmo usarlo in molte situazioni. Ma, nel momento della sconfitta, cosa proviamo? Rifiuto? Frustrazione? Malessere? Cinismo? Tutti noi affrontiamo dei problemi nella vita, è parte della nostra esistenza come esseri umani. Alcuni cercano anche di trarre il massimo da ogni situazione, problemi compresi. Però, purtroppo, la maggior parte di noi è indifesa di fronte agli alti e bassi della vita. Spesso arriviamo anche a sottovalutare tali momenti, lasciandoci indifesi ad essi, nonostante i nostri propositi di ottimismo. Alcune ricerche hanno appurato che l'individuo medio ha all'incirca 50.000 pensieri al giorno, e di questi, sembrerebbe che circa l'80% siano negativi. Forse ti è capitato di avere una grande idea, almeno una volta nella vita, e di fantasticare di brevettarla e vedenderla per diventare milionario. Qualche mese dopo, passeggiando distrattamente, vedi la tua idea esposta sullo scaffale di un negozio.

Qualcun'altro ha avuto la stessa idea, ma a differenza tua, è andato fino in fondo.

Hai mai voluto dire qualcosa a qualcuno, magari una dichiarazione d'amore, ma alla fine hai esitato? Ora, quasi sicuramente, starai rimpiangendo quel momento. Hai mai desiderato e fantasticato a proposito di qualcosa, che poi non è mai accaduto? Tutti noi partoriamo ottime idee, ma questo solo fatto non è sufficiente, se la nostra voce interiore dirotta i nostri piani a lungo termine. Ci distraiamo, inevitabilmente, e dimentichiamo ciò che sta accadendo, o ciò che dovrebbe accadere. In alternativa, ogni volta che stiamo per raggiungere un qualche tipo di obbiettivo, siamo assaliti dai dubbi. Puoi familiarizzare con quanto detto fino ad ora?

I media aprono i telegiornali con notizie negative ed avvilenti perchè, inconsciamente, siamo attratti dal sensazionalismo. I network, in modo subdolo, attraverso quindici minuti di pubblicità ogni ora di televisione, ci dicono come migliorare le nostre vite grazie ai loro eccezionali prodotti. Lavoriamo, guardiamo 4 ore di televisione ogni giorno, ed il trend continua a crescere. Raggiunti i 65 anni, avremmo visto circa 2 milioni di queste pubblicità. Le aziende cercando di arricchire e mettere sotto la luce dei riflettori il loro messaggio, parlando di cose che non ci servono e non possiamo permetterci, ma comunque manipolandoci per comprarle a causa delle nostre insicurezze. Inoltre, ogni show che tratta la violenza in tv è più in voga che mai, e in questo modo le nostre paure sono sempre ben alimentate. I social media contribuiscono ad accrescere questo tsunami, promuovendo messaggi negativi ed irreastici attraverso l'etere. Questi milioni di contatti ci scoraggiano dal pensare e desiderate un cambiamento nelle nostre vite. Anche le altre persone cercando di trascinarci a fondo con loro. Per quale motivo?

Prima di tutto, anch'esse sono condizionate dai media., contribuendo a costruire una diga di stupidità e pessimismo. Inoltre, alcuni studi rivelano che le persone sono più sgarbate e con meno senso civico rispetto agli anni passati. Prova a pensarci: nei film, al supermercato, nei bar, al centro commerciale; l'educazione e la cortesia sono qualità rare. Anche il corpo polito ed i così detti "leader" sono irrispettosi e poco cordiali con gli altri.

Questa mancanza di civiltà infetta la nostra famiglia, gli amici ed i conoscenti che comunicano con noi ogni giorno. Cosa fanno di solito queste persone quando parlano davanti ad un drink, a una cena o a qualsiasi altro evento sociale?

Con ogni probabilità si lamentano del lavoro, del governo, dell'economia. Come risultato, siamo sommersi da una comunicazione deleteria, che ci impedisce di perseguire i nostri sogni, desideri ed addirittura di pensare a mente lucida. Molti di noi non se ne erendono neppure conto, ed arrivano a perdersi nel conformismo. Molti dei così detti "guro del self-help" si sbagliano, il più grande segreto non è il pensiero giusto. Per favorire un flusso mentale sano, sono necessarie due componenti: ottimismo e azione.

Il positivismo è un'ottima cosa, ma deve essere accompagnata con atteggiamenti consoni e volontà di agire. Sebbene pensiero e azione siano connessi, l'atto vero e proprio dimostra che le nostre idee sono reali, e non solo delle distrazioni, o dei pii desideri. Per esempio, se sei sovrappeso e pensi ad una dieta efficace, ma non fai nulla per metterla in pratica, il tuo peso non diminuirà. Quando arriva una tempesta, non puoi basarti solo sulla positività dei tuoi pensieri, devi fare qualcosa per proteggere te stesso. Se ricopri il ruolo di leader nell'ambiente di lavoro, puoi sperticarti in intere conferenze sull'importanza del servizio clienti, ma le parole sono inutili se non dimostrerai la bontà di quanto detto.

Le azioni parlano più forte delle parole, ricordalo sempre. Aristotele ha detto: "Noi siamo quello che facciamo ripetutamente, perciò l'eccellenza non è un attom, ma un'abitudine."

Il pensiero positivo non funziona da solo, ma necessità della volontà e dell'azione per agire nel nostro contesto personale. Prima di agire, si parla della bontà delle nostre intenzioni. Il pensiero positivo non esisterebbe senza l'ottimismo e l'azione. Diventiamo quello in cui crediamo, quello che facciamo, quello che pensiamo, e ancora una volta, quello in cui crediamo.

Come possiamo creare un cambiamento?

"La fortuna favorisce la mente preparata" diceva Louis Pasteur.

Steven Covey ci ha dimostrato che le persone di successo hanno bisogno solo di 7 regole. Le ricerche ed il lavoro di Martin Seligman descrivono come le persone possano crescere come esseri umani attraverso comportamenti sistematici atti a migliorare la loro vita. Ecco la chiave: ogni giorno dobbiamo lavorare duramente se vogliamo raggiungere un'esistenza migliore. Se non lo facciamo le nostre vite saranno sicuramente devastate da un numero enorme di mediocrità. Inoltre, è importante avere un occhio attento sul pessimismo e sulla negatività che ci circonda. Considera di chiarire e cristallizzare le convinzioni su un argomento: come potresti fare la differenza in modo positivo? La tua risposta potrebbe ispirarti a cambiare il modo in cui vivrai. Ora, che cosa farai per dimostrare le tue convinzioni? La chiarezza della tua concentrazione dà coerenza ai tuoi intenti.

Impara a cogliere le opportunità:

Come puoi sviluppare i tuoi talenti e le tue abilità? Le possibilità di istruzione e vari tipi di corsi possono rinnova la tua mente e stimolare la creatività. Prendili sempre in considerazione. Prova a cambiare la tua visione del mondo, aiuta le persone che sono in difficoltà, ascolta gli altri, apriti a qualcosa di nuovo. Pensa in modo altruista, a 360 gradi.

Come puoi aiutare la tua famiglia ed i tuoi amici?

Come puoi goderti la vita in modo più autentico?

Come puoi trovare la tranquillità che ti manca?

Inoltre, domanda veramente importante, come spendi il tuo tempo? Ognuno di noi ha delle priorità; cosa sei disposto a cambiare oggi per ottenere dei risultati domani?

Queste sono tutte domande essenziali, alle quali solo tu puoi rispondere. Quello che viene dopo, ovviamente, è la risposta. Una volta che riesci a trovarla, devi lavorarci sopra.

Tutti quanti abbiamo il potere di cambiare, ma o decidiamo di utilizzarlo, oppure torniamo nella schiera di coloro che cercano scuse. "Nessuno può colpire duro come la vita" diceva Silvester Stallone, in uno dei tanti film di Rocky. Questo è innegabilmente vero. Ma, se vuoi raggiungere qualcosa durante la tua esistenza, devi resistere. Devi rimanere fedele alla *tua* risposta, e fare tutto ciò che è in tuo potere per coronare la tua idea di felicità.

CAPITOLO 24

LE CHIAVI PER IL SUCCESSO

Tutti noi influenziamo e siamo influenzati dalle persone che incontriamo, in un modo o nell'altro. Questo accade istintivamente e inconsciamente trasmettendo concetti ed emozioni attraverso il linguaggio del corpo. Le persone avvertono l'aura dei nostri pensieri e viceversa, quindi anche noi siamo affetti da questo meccanismo. Quindi, cogliamo avere a che fare con persone positive o essere scoraggiati da quelle negative?

Gli altri saranno propensi ad aiutarci se emaniamo positività; saranno meno inclini a farlo, invece, se diffondiamo negatività. I concetti negativi, le parole ed i comportamenti generano comprotamenti e azioni dannose e ingannevoli. Se la mente di una persona è negativa, essa causerà insoddisfazione e malcontento. Questa è la strada per il fallimento e per la delusione. Quali sono le fonti primarie di un comportamento negativo?

L'atteggiamento negativo è figlio del pensiero negativo, fino a quanto essi non diventano parte del subconoscio e, infine, della personalità. Potresti anche non renderti conto della negatività della tua condizione, se hai vissuto a lungo una situazione deleteria.

Quando si possiede un carattere negativo, di solito ci si aspettano sempre disastri e fallimenti. Queste speranze contorte ti rendono un eccezionale magnete per, appunto, disastri e fallimenti. Quindi, in men che non si dica, tutto si trasforma in un circolo vizioso.

Ti aspetti (e, in qualche modo malato, speri) nel peggio; ottieni ciò che vuoi (forse anche dopo alcune manovre di auto-sabotaggio); la tua negatività cresce, e tutto ricomincia dal principio. Comprendi il quadro della situazione?

Quindi, come ci liberiamo della nostra prigione di negatività e creiamo il giusto atteggiamento verso la vita? Ovviamente serve del duro lavoro e alcuni autentici sforzi per ottenere qualche risultato. Per seguire una nuova strategia, dobbiamo cambiare il nostro pensiero inconscio. Come si può fare questo? Semplicemente valutando attentamente ogni pensiero, fino a quando non ci abituiamo al pensiero positivo. Puoi sostituire una vecchia abitudine con una più sana, nello stesso modo in cui la gomma sostituisce la sigaretta, per gli ex-fumatori. Non puoi semplicemente smettere di essere negativo; devi sostituire i tuoi pensieri "peggiori" con altri pieni di positività. Alcune persone potrebebro obbiettare: "Ma le cose brutte sono reali; avvengono ogni giorno." Questo è innegabile, ma non dovrebbe essere il fulcro della nostra attenzione. Sebbene possa accadere ogni genere di situazione, quello che fa la differenza è il tuo ATTEGGIAMENTO che genera una risposta positiva o negativa, in relazione alla questione. Il problema non è il vero nemico; la tua attitudine verso di esso lo è. E' tempo che tu scopra quello che pensi e senti, e che prenda il controllo della situazione. Senza questa consapevolezza, nessuno sulla faccia della Terra potrebbe aiutarti. Prendi il controllo e regola il tuo atteggiamento.

E' il tuo stato mentale che genera la positività rispetto a quello che fai. E' essenziale trasformare la mente attraverso il lavoro interiore e con esercizi di consapevolezza.

Ovviamente, l'atteggiamento ed i pensieri non cambieranno nel corso di una notte.

La forza generata da essi è talmente potente da riuscire a modificare le nostre vite, quinid va coltivata e assecondata. Questo processo è di solito insconscio, ma ci sono metodi per poterlo rendere conscio. Quindi, seguendo i tuoi obbiettivi, anche se l'idea ti sembra strana, falla in ogni caso, consapevole di non avere nulla da perdere. Ignora quello che gli altri possono dire e pensare di te, quando scopriranno che il tuo modo di pensare è cambiato.

Visualizza solo le possibilità che possono esserti d'aiuto. Nei tuoi dialoghi interiori, o in quelli che fai con gli altri, usa solo frasi propositive. Sorridi di più, poichè questo gesto favorisce le energie positive. Ignora la pigrizia ed il desiderio di arrenderti; se perseveri, il tuo pensiero ed i tuoi atteggiamenti cambieranno.

Quando un concetto negativo ci si presenta alla mente, dobbiamo essere consapevoli di esso e cercare di rimpiazzarlo con uno positivo. Il pensiero cercherà quindi di entrare di nuovo nella mente, e bisognerà ancora una volta rimpiazzarlo con una buona idea. Hai due strada di fronte a te: puoi decidere di imboccarne una e ignorare l'altra. La persistenza allenerà la tua mente a ignorare i pensieri negativi ed a pensare con ottimismo.

Non arrenderti ma guarda con attenzione alle belle e felici idee della tua mente, mentre rimpiazzi i pensieri negativi dentro di te. Non importa in che condizioni ti trovi in quel momento; pensa positivo, progetta risultati favorevoli per le circostanze che si presentano, e le cose alla fine cambieranno. Un altro metodo per cambiare, ad esempio, è la ripetizione di affermazioni positive. Accogliele (pensa) ogni giorno, se ne hai la possibilità, e cerca di farle diventare la tua realtà (concentrati su di esse per qualche secondo). Prova a pensare a te stesso come un trasformatore energetico; puoi raggiungere i tuoi obbiettivi, devi solo accogliere il cambiamento (con il pensiero) e trasformarne il concetto in una parte di te (con la forza delle convinzioni). Questa è una tecnica che ricorda la visualizzazione creativa, e può essere utilizzata insieme ad essa per aumentarne i risultati.

Nella vita di tutti i giorni, la positività ti permetterà di ottenere risultati assolutamente migliori rispetto alla negatività. I pensieri ottimistici, insieme ad una buona dose di gratitudine, ti daranno pace, migliori relazioni, una salute rinnovata, felicità e serenità.

Inoltre, potrai vedere la vita in tutta la sua magnificenza, trasformando ogni cosa con un nuovo e migliore significato. I tuoi affari quotidiani diventeranno più semplici, e tutto apparirà come più roseo e promettente. Il pensiero positivo, in modo simile ad una risata, è contagioso. Prova a pensarci, hai mai visto qualcuno iniziare a ridere per uno scherzo, o per qualcosa di divertente, enon riuscire a smettere? Quando sembra che tutto sia finito, ecco che le risate iniziano di nuovo, e tu, d'altra parte, non puoi fare a meno di esserne coinvolto.

E' una cosa che rende istantaneamente felici. Le persone intorno a te avvertono la tua aua di positività e ne sono influenzati. Per aiutarti a rimanere positivo, inoltre, ricordati sempre del rovescio della medaglia; c'è sempre qualcosa di positivo dietro ad una negatività.

Quando pensi a quanto odi il tuo lavoro, per esempio, ricordati quanti migliai di individui non sono riusciti a trovare un impiego, negli ultimi anni. Sii grato per questo; anche se lo odi, almeno hai un lavoro. Facendo questo, accoglierai dentro di te il pensiero positivo.

Un giorno, mentre pulivo casa, e osservavo quello che mi circondava, mi sono ritrovato a pensare che la mia abitazione fosse troppo piccola. Immediatamente ho ricordato tutte le persone che non hanno una casa, o la cui dimora è stata portata via a causa dei debiti.

I miei pensieri si sono quindi trasformati velocemente, trovandomi a ringraziare che io e la mia compagna avessimo un lavoro che ci permettesse di vivere con un tetto sopra la testa, e di dormire sonni privi di preoccupazioni. So che questo tipi di esempi possono sembrare triviali, ma credi a queste parole; quanto incontrerai delle difficoltà nella vita, capirai come le cose più semplici sono in realtà le più importanti. Ritornando alla positività, è essenziale sapere come la perseveranza gioca un ruolo fondamentale in tutto il processo.

Non puoi, per esempio, mettere la tua casa in vendita e aspettarti che qualcuno la compri se non ne pubblichi l'annuncio , o dai mandato ad un agente immobiliare di trovare un compratore. Questo, perchè così nessuno sa che la tua casa è effettivamente in vendita.

Praticare un pensiero positivo che generi risultati è molto più che ripetere qualche frase ottimistica; deve essere un'attitudine primaria della tua mente. Non è sufficiente pensare attentamente per qualche minuto, e poi lasciare di nuovo entrare nella mente ogni sorta di idea negativa. C'è bisogno di impegno e lavoro, non mi stancherò mai di ripeterlo.

Come prima cosa bisogna impegnarsi nell'esercizio ed avere volontà di uscire dalla propria zona di comfort (dopotutto, ognuno di noi è abituato ai pensieri negativi.) Inoltre, ricordati di rimpiazzare ogni cosa (nei limiti delle possibilità) negativa che ti circonda con qualcosa di positivo. Ecco qualche consiglio per sviluppare il potere del pensiero positivo.

Quando pensi e parli, usa affermazioni positive. Cose come "posso", "è possibile", "posso riuscirci." Ricordati che nulla è impossibile se ci metti tutto il tuo cuore e la tua mente.

Lascia che la tua coscienza sperimenti solo sensazioni di felicità, forza e soddisfazione.

Prova a ignorare i pensieri negativi. Rigetta quel tipo di idee e sostituiscile con pensieri positivi e felici. Visualizza inoltre il risultato che ti aspetti all'interno della mente, prima di iniziare a pianificare o a intervenire. Visualizza, concentrati e credi; il risultato arriverà.

Guarda film che ti facciano ridere e sentire felice. Diminuisci il tempo passato ad ascoltare le notizie e a leggere i giornali, niente di buono arriva da quelle fonti, solo informazioni deprimenti. Certo, essi rappresentano la realtà, ma tu puoi scegliere in piena coscienza quando e cosa leggere ed ascoltare. Sii attivo, non passivo.

Spendi il tuo tempo con le persone che posseggono fede; ancora una volta la positività è come polline, deve essere sparsa, e le persone positive sono bravissime a farlo.

Tornando all'argomento "realtà", quando siamo stressati, è difficile pensare positivo.

E' parte della vita, sfortunatamente, e tutti a volte dobbiamo passarci. Quindi, fai una breve passeggiata, nuota, vai in biciletta, oppure in palestra ad allenarti, o a fare attività fisica. Questo non solo aiuterà a coltivare un'attitudine positiva, ma eliminerà anche la pressione.

Pensa positivo ed aspettati grandi risultati e situazioni rosee, anche se non esattamente nel modo che hai desiderato. Il tuo approccio mentale cambierà la tua vita e le circostanze che genererai; inizierai così a produrre nuovi metodi di pensiero.

CAPITOLO 25

CONSIGLI FINALI

Il pensiero positivo ti consente di vivere la tua vita in modo confortevole senza problemi o barriere, mentre ti godi ogni giorno. Anche se pensi che la vita sia brutta, puoi sempre prendere un lungo respiro e provare a cambiare idea. Scoprirai che puoi fare molto di più di quello che ti aspettavi, senza neppure dovere cambiare radicalmente ogni cosa.

Ecco alcuni consigli finali per incoraggiare il pensiero positivo, le emozioni e gli atteggiamenti giusti.

- E' essenziale trovare il tempo per godersi la via. Dare il giusto valore al tempo non significa unicamente divertirsi, ma anche apprezzare i frutti del tuo lavoro quotidiano. Trova qualche momento per viziarti; i piccoli lussi che ti danno un senso di soddisfazione e l'opportunità di sorridere possono aiutarti a ricaricare le batterie. Quando abbiamo modo di rilassarci, ecco che nascono i pensieri positivi.

-I pensieri negativi devono essere chiaramente eliminati. Quando li vedi arrivare, cerca di evitarli con decisione. Cerca di creare l'abitudine di pensare sempre in modo positivo. Questo è vitale, sia che tu stia affrontando un problema, oppure no.

-I problemi devono essere risolti non appena si presentano. Non aspettare di iniziare a preoccuparti, perdere il sonno e così via. Trova il tempo per affrontarli prima che peggiorino e ti facciano pensare e sentire della negatività.

-Essere realisti è sempre un'ottima scelta. Non ti aspetterai molto in questo modo, applicando il pensiero pratico. Inoltre, se qualcosa dovesse andare male, non rimarrai deluso. Sapere che tutto potrebbe finire molto in fretta ti regala un approccio migliore nei confronti della vita. Non pensare che qualcosa durerà per sempre, perchè è impossibile. Impara lasciare andare e a resistere, se la situazione lo richiede.

Una mentalità positiva è necessaria, ci permette di affrontare il mondo imperfetto in cui viviamo. E' essenziale essere positivi ogni giorno, anche quando affrontiamo problemi e stress. Prova a ricordare questa preghiera indiana, quando le cose si fanno difficili.

"Dammi la pazienza di sopportare le cose che non posso cambiare, la forza di cambiare le cose che posso cambiare e la saggezza per distinguere le due situazioni."

Questa è positività.

CONCLUSIONE

Il pensiero positivo potrebbe essere considerato un "bluff", ma le ricerche hanno dimostrato che è molto di più che un semplice effetto placebo. Questo libro risponde alla domanda "Come posso diventare una persona positiva?" perchè ci presenta uno dei più significativi benefici del pensiero positivo, ovvero creare una routine virtuosa.

Ricordi quando eri arrabbiato o triste da bambino, e alla fine tua madre riusciva a cambiare ogni cosa semplicemente dicento che tutto sarebbe andato per il verso giusto? Che tua madre conoscesse o meno la forza dei pensieri positivi, quelle erano le parole migliori che potesse regalarti, in quel momento. Se oggi noi potessimo essere la "madre", e utilizzare pensieri e frasi positive come quella, allora potremmo scatenere una piccola reazione biologica nel nostro corpo. Cosa vuol dire questo, esattamente?

La scienza ha scoperto che si può utilizzare il potere del pensiero positivo per mantenere un atteggiamento giusto e conservalo a livello biologico semplicemente "credendoci".

Un metodo è portare al tuo cervello sostanze chimiche che comunichino felicità. Quando usi il pensiero positivo, e sei felicie, la tua mente è inondata da sostanze "felici". Quindi, il tuo corpo dovrà effettuare dei cambiamenti fisici per adattarsi a questo flusso di emozioni.

Uno dei più significativi benefici del pensiero positivo è che continua a distribuire sostanze "felici", mentre conserva l'atteggiamento positivo e genere sempre più recettori e portali per nuove ondate di emozioni. Perchè? Mentre continui a sentirti meglio a livello mentale, il tuo corpo riceve queste sostanze e ne cerca ancora, nel tentativo di mantenere l'equilibrio di queste sensazioni. Puoi capire che questa strategia è contagiosa, in quanto il corpo vuole più

"sostanze della felicità", e spingerà la mente a produrle, creando così una routine positiva.

Il pensiero positivo ha inoltre un ottimo impatto sul funzionamento celebrale. Alcune ricerche psicologiche hanno dimostrato che se la mente è coadiuvata da comportamenti positivi sarà in grado di generare un mumero maggiore di percorsi neurali e risolvere i problemi più velocemente. In altre parole è come se stessi mangiando un "super-nutriente" che migliora il funzionamento del cervello, mentre in realtà sei "solo" felice e colmo di positività. Può quindi il pensiero positivo avere un ottimo impatto sulla salute?

Sì; quando carichiamo la mente con la positività, essa opera meglio, e visto che è il computer del nostro corpo, sentiremo i suoi effetti benefici in ogni angolo di noi.

La felicità e la positività non sono solo una scelta, ma anche una possibilità di una vita migliore. Quindi, ancora una volta, perchè scegliere di pensare nel modo sbagliato?